KYNOS KLEINE HUNDEBIBLIOTHEK

DER DOBERMANN

KYNOS VERLAG MÜRLENBACH

KYNOS KLEINE HUNDEBIBLIOTHEK

DER DOBERMANN

Jimmy Richardson

Fotos von Marc Henrie

INHALTSVERZEICHNIS

IMPRESSUM

Helga Fleig
Am Remelsbach 30
D-5537 Mürlenbach/Eifel
Telefon: 0 65 94/6 53

ISBN-Nr. 3-924008-60-4

Übersetzung D. und H. Fleig

TIERÄRZTLICHE BERATUNG

Trevor Turner hat seine Studien im Royal Veterinary College, London, 1958 abgeschlossen und baute danach innerhalb weniger Monate eine Kleintierpraxis in seiner Wohnung in Northolt, nahe London, auf. Heute betreibt er eine Klinik für Kleintiere, in der über 30 Angestellte beschäftigt sind. Trevor Turner wuchs mit Terriern auf, er besaß sein ganzes Leben über immer eine Vielfalt von Hunden und Katzen. Gelegentlich züchtet Trevor Turner auch selbst. Er ist aktives Mitglied mehrerer tierärztlicher Vereinigungen, hält über eine Vielzahl von Themen der Kleintierpraxis Vorträge. Trevor Turner ist davon überzeugt, daß die Aufgabe des Tierarztes nicht nur die Behandlung seiner Patienten ist, sondern insbesondere auch die aktive Verbindung mit den Hundebesitzern. Sie sollten sich immer angeregt fühlen, alle Fragen und Probleme mit dem Tierarzt offen und freimütig zu diskutieren.
Trevor Turner wurde im Jahre 1988 mit der angesehenen BSAVA Melton Award ausgezeichnet.

ZUM GELEIT

Der englische Autor, selbst ein sehr guter Kenner und großer Liebhaber des Dobermanns, hat im vorliegenden Buch ein in jeder Hinsicht gelungenes Rasseportrait gezeichnet.

Er informiert umfassend und leicht verständlich über die Besonderheiten der Rasse Dobermann.

Für den Anfänger ebenso wie für den Dobermann-Kenner ist dieses Handbuch eine wertvolle Bereicherung seiner Hundebibliothek.

Walter Hensel
Hauptzuchtwart Dobermann Verein e.V.

AUTOR

Jimmy Richardson ist seit vielen Jahren international anerkannter Ausstellungsrichter, einer der Experten des Dobermann Rassestandards. Seit 1963 befaßt er sich aktiv mit Dobermännern, führt die erfolgreiche Zucht und Ausstellung von „Roanoke-Dobermännern" fort – dieser Zwinger ist in Fachkreisen seit 1953 anerkannt. Innerhalb des Zuchtvereins nahm Jimmy Richardson eine Reihe von einflußreichen Positionen ein. Er ist der Rasserepräsentant beim englischen Kennel Club, war Chairman des Dobermann Breed Council. Im englischen Dobermann-Jahrbuch hat er eine Reihe von Beiträgen veröffentlicht, eine Anzahl von Rundfunkstationen bedienten sich seiner fachlichen Ratschläge.

FOTOGRAF

Marc Henrie begann seine Karriere als Standfotograf bei den berühmten Ealing Filmstudios in London. Von hier ging er nach Hollywood, wo er für MGM, RKO, Paramount und Warner Brothers arbeitete. Er fotografierte die Großen von Hollywood: Humphrey Bogart, Edward G. Robinson, Gary Cooper, Joan Crawford und Ingrid Bergman, um nur wenige zu erwähnen. Er war einer der letzten Fotografen, der Fotos von Marilyn Monroe machte.
Als er später nach England zurückkam, spezialisierte sich Marc auf Hunde- und Katzenfotografie und gewann sehr schnell internationale Anerkennung. Er hat zahlreiche Fotopreise gewonnen, vor kurzem den Kodak Award für beste Tierfotografie und den Neal Foundation Award für herausragende Fotografie tierischen Verhaltens.
Marc ist mit der früheren Ballettänzerin Fiona Henrie verheiratet, die heute Tierbücher schreibt und illustriert. Sie leben mit ihrer Tochter Fleur, zwei Cavalier King Charles Spaniels und einer Katze namens Topaz im Westen von London.

Einführung

Wer bereits einen längeren Zeitraum seines Lebens mit dem Dobermann teilt, der weiß genau, warum diese Hunderasse zu den Aristokraten unter den Rassehunden zählt. Alle diejenigen, die noch nicht zu dieser Elitegesellschaft gestoßen sind, haben eine der großen Freuden des Lebens noch nicht kennengelernt.

Liebe und Zuneigung

Was die Erstbesitzer eines Dobermanns immer am meisten überrascht, ist die Tatsache, daß diese Hunde ihren geliebten Menschen nie aus dem Auge lassen mögen. Als Hunderasse sind sie außerordentlich liebevoll, zeigen ihre Zuneigung bei jeder Gelegenheit, wollen sich nie von ihrem Menschen trennen. Sie haben eine Art siebten Sinn, stets zu wissen, was ihr Mensch im nächsten Augenblick tun wird, ehe es ihm selbst eigentlich bewußt geworden ist. Wenn man einen Dobermann ins Haus holt, ist das gleich der Adoption eines Kindes, der Hund wird sehr schnell zum zusätzlichen Familienmitglied.

Dobermänner sind außerordentlich intelligent, lernen schnell, man kann sie deshalb leicht zu einem völlig in der Familie aufgehenden Lebensgefährten erziehen. Dobermänner sind aber auch schlau genug zu erkennen, was sich zu lernen lohnt und was nicht. So machen sie sich nur zögernd daran, Dinge zu lernen, die nach ihrer Auffassung zu keinem für sie interessanten Ziel führen. Sie lernen auch schnell, wie weit sie mit dieser Haltung kommen, was jedes

einzelne Familienmitglied für sie tun kann. Hat man erst einmal die Freude erlebt, von einem Dobermann in Besitz genommen zu sein, erkennt man schnell, daß es nichts auf der Welt gibt, das mit dieser Rasse vergleichbar ist.

Ein Handbuch für die Praxis

Beim Schreiben dieses Buches habe ich versucht, ein Handbuch für die Alltagspraxis zu schaffen, Ratschläge zu erteilen, wie man Dobermänner hält, erzieht, ausstellt und züchtet. Mein Buch basiert auf vielen Jahren enger Verbindung mit dem Dobermann, und ich bin dankbar dafür, daß man mir Gelegenheit gegeben hat, einige meiner Erfahrungen an meine Leser weiterzugeben. Es ist meine große Hoffnung, daß dieses Buch interessierten Dobermann-Freunden Zugang zu den großartigen Fähigkeiten dieser Hunde schafft, gleichzeitig für jeden Anfänger zum nützlichen Ratgeber wird. Natürlich hoffe ich, daß einige meiner Gedanken auch für die erfahrenen Dobermann-Besitzer von Interesse sind. Ich bedauere sehr, daß es zwischen zwei Buchumschlägen nur eine bestimmte Seitenzahl gibt, was mir eine ausführlichere Behandlung einer Reihe von Themen nicht erlaubt. Viele der Kapitel etwa über Zucht, Ausbildung, Ausstellung und Haltung könnten jeweils mit vollem Recht ein eigenes Buch füllen.

In der Hundewelt sagt man im allgemeinen, daß, je mehr man gelernt hat, desto mehr weiß man, wie wenig man weiß. Demgegenüber gilt aber auch, daß je mehr man lernt, um so mehr vermag man, sich der Gesellschaft des Dobermanns zu erfreuen, um so besser kann man ihn richtig halten und versorgen. Für mich ist es ein erfreulicher Gedanke, daß dank dieses Buches ein paar Dobermänner in dieser Welt künftig ein besseres Leben führen werden.

Links: *Jimmy Richardson mit „Sable", einem seiner eigenen Hunde. Dobermänner sind als Rasse voller Liebe und erwarten Gegenliebe.*

Unten: *Dieses Foto zeigt deutlich, warum man weltweit den Dobermann als einen Aristokraten in der Hundewelt anerkennt.*

TEIL I

BESITZ UND HALTUNG DES DOBERMANNS

Kapitel eins

RASSE-GESCHICHTE

Der Dobermann trägt seinen Namen zu Ehren von Louis Ferdinand Dobermann, dem allgemein das Verdienst zugerechnet wird, diese Rasse geschaffen zu haben; neben ihm gibt es aber auch eine Reihe von anderen Züchtern, die in der frühen Zucht eine wichtige Rolle spielten. Von Herrn Dobermann ist bekannt, daß er 1823 geboren wurde, in der kleinen Stadt Apolda in Thüringen als Pferdehändler, Abdecker, Steuereintreiber, Nachtwächter und städtischer Hundefänger arbeitete.

Obwohl die Hunderasse Dobermann relativ modern ist, wurde wenig bekannt, welche einzelnen Hunderassen der Züchter Dobermann in seinem Zuchtprogramm einsetzte. Man weiß allerdings, daß es sein Ziel war, den perfekten Schutzhund zu züchten; er war davon überzeugt, daß er alle bestehenden Rassen wesentlich übertreffen könne.

Man nimmt an, daß er mit dem Deutschen Pinscher als Ausgangsrasse begann, der zur damaligen Zeit recht verbreitet war. Es ist ziemlich sicher, daß er auch Rottweiler und alte, glatthaarige Schäferhundrassen einkreuzte (nicht zu verwechseln mit dem modernen Deutschen Schäferhund); es ist bekannt, daß er beide Rassen selbst hielt. Das Einkreuzen weiterer Rassen ist etwas spekulativer, aber wahrscheinlich wurden auch Weimaraner, Deutsch Kurzhaar, eventuell auch der Ungarische Vizla und der Manchester Terrier verwandt. Damals war der Manchester Terrier noch ein wesentlich größerer Hund als heute, sein Beitrag könnte das schwarzlohfarbene Haarkleid sein, das sich als Rassemerkmal weitgehend durchgesetzt hat.

In der Frühzeit des Dobermanns wurden zweifellos auch noch andere Rassen eingekreuzt, um seine Entwicklung zu verbessern. So wurde bekannt, daß etwa 1908 auch ein Greyhound Verwendung fand; sein Einfluß ist heute noch zu erkennen.

Oben: *Eine gute Kopfstudie von Bob v. Elfenfeld aus dem Jahre 1910. Man beachte Kopfform und Tatsache, daß die Rasse coupiert wurde.*

OFFIZIELLE ANERKENNUNG

Im Jahre 1893 wurde der erste Dobermann ins deutsche Zuchtbuch eingetragen, in den folgenden Jahren gewann die Rasse schnell an Popularität, wurde im Jahre 1898 offiziell als Dobermannpinscher anerkannt. Im gleichen Jahr gründete Otto Goeller, der nach dem Tod von Louis Ferdinand Dobermann in der Rasseentwicklung eine führende Rolle spielte, den Dobermannpinscher Club, Apolda. Man verabschiedete einen Rassestandard, der im Jahre 1900 in Kraft trat.

Der Erste Weltkrieg von 1914–1918 war im größten Teil Europas eine Zeit großen Hungers und Leidens. Dies führte dazu, daß viele der besten Hunde nach Amerika verkauft wurden, wo der Dobermann schon viele Anhänger hatte. Im Jahre 1921 wurde in den USA der erste Dobermannpinscher Club gegründet.

Nach England fand der Dobermann viel später seinen Weg. Nach einem Bericht wurde der erste 1933 auf einer Kennel Club Show im Crystal Palace ausgestellt, aber erst etwa 1947 kam die Rasse in größerer Anzahl nach England. Die ersten Importe von Fred und Julia Curnow und Lionel Hamilton-Renwick kamen aus Deutschland, Holland und Schweiz, später folgten weitere aus den USA. Aus diesen frühen Importen wurde die Zucht in England aufgebaut, allerdings halfen auch spätere Importe – insbesondere aus den USA – der Rasse, ihren heutigen, hohen Qualitätsstandard zu erreichen.

Rassenname

Es ist erwähnenswert, daß in England die deutsche Schreibweise der Rasse „Dobermann" übernommen, das Wort „Pinscher" fallengelassen wurde. In den USA hat man das zweite „n" des Wortes Dobermann verloren den „Pinscher" beibehalten, dort wird die Rasse heute als „Doberman Pinscher" geführt.

Unten: *Die Jahre vergehen, die Zucht entwickelt sich weiter. Dieses Bild aus dem Jahre 1924 zeigt den deutschen Rüden Claus v. Sigalsburg.*

DIE AUFGABEN DER RASSE

Das Ziel von Louis Ferdinand Dobermann war von Anfang an, den perfekten Schutzhund zu züchten; und dieses Ziel ist bis heute fest mit der Rasse verbunden. Die ersten Dobermänner wiesen in aller Regel ein recht aggressives, manchmal bösartiges Wesen auf. Im Laufe der Zeit erfolgten viele züchterische Verbesserungen, es entstand ein liebenswerter, intelligenter Gebrauchshund. Die Entwicklungen in den USA, England einerseits, auf dem Kontinent andererseits, verliefen etwas unterschiedlich, so daß heute auf dem Kontinent gezüchtete Dobermänner in der Regel einiges schärfer zu sein pflegen als amerikanische und englische Hunde.

In der öffentlichen Meinung hat der Dobermann aber bis heute zweifelsohne den Ruf eines recht ungestümen Wachhundes. Dies wird in beträchtlichem Umfange noch durch den Einsatz des Dobermanns in Filmen – insbesondere in Amerika – verstärkt. In diesen Filmen werden Dobermänner in der Regel schablonenhaft als wilde, aggressive Wachhunde verfälscht. Leider bemerken die Betrachter dieser Filme überhaupt nicht, daß diese Hunde genau wie menschliche Schauspieler eine Rolle spielen.

Zweifellos führt die öffentliche Meinung über den Rassecharakter dazu, daß der Dobermann als Wachhund so besonders abschreckend auf Einbrecher wirkt. Kein

Mensch mit Verstand wird in ein Haus einbrechen, wenn er weiß, daß darin ein Dobermann lebt. Ganz gleich, wie liebenswürdig der Einzelhund sein mag, er wird immer bellen, wenn jemand die Tür öffnet – viele Dobermänner haben auch heute noch über uneingeladene Gäste ihre ganz eigene Auffassung.

Intelligenz
Die hohe Intelligenz des Dobermanns, seine gute Nase und seine Schnelligkeit machen ihn für viele Aufgaben besonders geeignet. Schon im Ersten Weltkrieg wurden Dobermänner in Deutschland als Kriegshunde eingesetzt, im Zweiten Weltkrieg standen Dobermänner in vielen Ländern vorn mit an der Front. Wie nicht anders zu erwarten, wurden Dobermänner hauptsächlich als Wachhunde eingesetzt, die Deutschen benutzten sie, um ihre Gefangenenlager zu bewachen. Aber auch auf dem Schlachtfeld selbst fanden sie Einsatz, trugen als Meldehund Botschaften in ihren Halsbändern und fanden als Sanitätshunde Einsatz für die Erste Hilfe an verwundeten Soldaten an der Front. Ihr gut entwickelter Geruchssinn half ihnen, verschüttete Menschen unter den Trümmern zerbombter Gebäude zu lokalisieren.

Es gibt auch Berichte, wonach Dobermänner von Deutschen wie Russen als Waffe gegen feindliche Panzer eingesetzt wurden. Man hatte sie erzogen, ihr Futter unter Panzern zu finden, sie wurden mit einer Sprengladung auf dem Rücken gegen feindliche Panzer geschickt. Liefen sie dann unter die Tanks, explodierte die Ladung und sprengte Hund, Tank und Besatzung in die Luft. Ein abscheulicher Gedanke!

Polizeihunde
In einer Reihe von Ländern ist der Dobermann bei Polizei wie Armee sehr beliebt, erfreut sich besonders großer Hochschätzung bei denen, welche Hunde auf Fährten oder in der Mannarbeit einsetzen. In England ist der Patrouillengang polizeiliche Alltagsroutine, für die Aufgabe als Patrouillenbegleithund ist der Deutsche Schäferhund mit seinem „steten Wunsch zu gefallen“, seiner Unterordnungsfreude und seinem dickeren Allwetterhaarkleid besser geeignet. In einer Anzahl von Ländern jedoch, in denen das große Leistungsvermögen des Dobermanns voll genutzt wird, findet dieser auch heute umfangreichen Einsatz als Polizeihund.

Über die Jahre traf ich in sehr vielen Einsatzbereichen Dobermänner. Einige arbeiteten als vorzügliche Jaghunde, hatten sehr schnell gelernt, welche Vögel sie aufjagen sollten. Sie waren auch sehr gute Apporteure, zeigten für diese Aufgabe ein

Unten: *Eine deutsche Hündin aus den 30er Jahren in charakteristischer Haltung. Jessy v. d. Sonnenhoehe. Foto aus dem Jahre 1934.*

überraschend „weiches Maul". Mehr als einmal traf ich Dobermänner bei der Arbeit auf Farmen, wo sie Kühe und Schafe hüteten. Ich kenne sogar einen Dobermann, der zum Aufspüren von durch den Verkehr verletztem oder getötetem Wild entlang den Hauptstraßen eines Forstes eingesetzt wird – eine Aufgabe, die unglücklicherweise immer häufiger ansteht.

DER FAMILIENHUND

Wie schon erwähnt, ist der Dobermann zu Hause ein vorzüglicher Wachhund, schreckt Diebe und Einbrecher überzeugend ab. Dies ist in erster Linie eine Folge der öffentlichen Meinung über die Rasse, es gibt aber viele Dobermänner, die uneingeladene Gäste angreifen würden, selbst wenn ihre Besitzer sie für außerordentlich freundliche Hunde halten. Das Wesen dieses Hundes ist, Fremde abzuschrecken, aber andere, die ihr Besitzer ins Haus läßt, willkommen zu heißen. Der Dobermann hat einen untrüglichen Instinkt, durch den er weiß, wer das Haus betreten darf und wer nicht. Dies ist für ihn außerordentlich wichtig, denn er sieht das Haus immer als sein eigenes an.

Der Dobermann bewacht aber nicht nur das Haus, er beschützt auch das Auto und jeden anderen Besitz auf seinem Territorium. Er verteidigt auch alle Familienmitglieder, im Haus wie auf Spaziergängen. Ein Dobermann an der Seite gibt immer ein Gefühl der Sicherheit.

Es gibt keinen Grund zur Sorge, einen Dobermann zu halten, auch wenn kleine Kinder im Hause leben, denn der Dobermann wird diese ganz einfach zusätzlich schützen. Man muß allerdings die Kinder immer so erziehen, daß sie den Hund respektieren, möglicherweise ist die Erziehung der Kinder sogar wichtiger als die des Hundes. Wenn ein Hund ein Kind beißt, ist die Ursache häufig, daß das Kind den Hund geärgert, ja selbst verletzt hat, es gibt nur wenige tückische Hunde. Es kann sich natürlich als notwendig erweisen, einen Dobermann, der keine Kinder gewöhnt ist, bei einem plötzlichen Zusammentreffen mit einem Kind zu überwachen, ganz einfach, weil diese Hunde gegen Dinge, die sie nicht verstehen, vorsichtig reagieren. Mit Kindern von Anfang an großgezogene Dobermänner verursachen nur sehr selten irgendwelche Probleme.

Unten: *Der kraftvolle Schädel und die Halspartie des Dobermanns Prins Favoriet v. d. Koningstad – eine wunderschöne Studie.*

Kapitel zwei

AUSWAHL UND KAUF

ZU WEM PASST EIN DOBERMANN?

Als Hunderasse spricht sehr viel für den Dobermann. Mit seinem kurzen, glatten Fell und seiner eleganten äußeren Linie gehört er zweifelsohne zu den Aristokraten in der Hundewelt. Seine Loyalität und seine Treue machen ihn zu einem liebenswerten und verläßlichen Begleiter, dank seiner herausragenden Intelligenz läßt sich der Dobermann leicht erziehen. Durch seinen angeborenen Wachinstinkt ist der Dobermann der ideale Hund, um das Heim zu schützen, jeden, selbst die Entschlossensten und Törichtsten davon abzuhalten, in ein Terrain einzudringen, das er als Eigentum ansieht.

Ehe man sich aber für den Dobermann entscheidet, sollte man sorgfältig prüfen, ob man selbst der richtige Mensch für einen solchen Hund ist. Die Aufnahme eines Hundes gleich welcher Rasse führt immer zu einer Reihe von Änderungen und Verpflichtungen, die man als Preis für die Freude am Besitz eines Hundes bezahlen muß.

Der Dobermann ist ein großer, aktiver Hund, braucht täglich viel Bewegung, um körperlich fit zu sein, geistig beweglich zu bleiben. Er braucht auch einen Garten, der sicher eingezäunt ist, ihm nicht erlaubt zu stromern. Dobermänner sind zwar keine Hunde, die ihrer Natur nach zum Stromern neigen, aber sie sind immer an allem interessiert, was in der Nachbarschaft ihres Territoriums passiert. Selbst wenn der Hund gar keine bösen Absichten hat, alleine der Anblick eines Dobermanns, der unbeaufsichtigt die Gegend erforscht, wird von Nachbarn meist sehr ungerne akzeptiert.

Dobermänner sind außerordentlich intelligente Hunde, lernen sehr schnell. Dies bedeutet aber, daß sie nicht nur Dinge lernen, die uns angenehm sind; bald wird er auch erforschen, womit er sich durchsetzen kann, wie weit er selbst seinen Besitzer beherrscht. Wie die meisten Wachhunde hat der Dobermann eine niedrige Reizschwelle und braucht nur geringe Provokation, um mit anderen Hunden zu streiten. Dies bedeutet, daß man ihn auf öffentlichen Grünflächen, wo man andere Hunde trifft, nicht frei laufen lassen kann.

Aufzucht eines Welpen

Die Aufzucht eines Welpen ist nahezu ein Fulltimejob, zumindest über die ersten paar Wochen. Kleine Dobermänner sind sehr aktiv, beharrlich, hält man sie nicht ständig beschäftigt, können sie einigen Unfug anrichten. In der Zeit des Heranwachsens können Dobermannjunghunde recht übermütig, selbstbewußt und gegenüber Möbeln und Teppichen destruktiv sein; werden sie nicht richtig angeleitet und erzogen, kommt Ungehorsam hinzu. Über die gesamte Zeit muß immer jemand zu Hause sein, der Junghund braucht dreimal täglich sein Futter, muß in regelmäßigen Abständen in den Garten gehen können, um sich zu lösen.

Läßt man einen Junghund den ganzen Tag über allein, wird er aller Wahrscheinlichkeit nach aufgrund seiner Langeweile zerstörerisch. Durch das Alleingelassensein oft auch laut, verursacht er leicht Nachbarschaftsprobleme. Läßt man den Junghund nicht wenn notwendig heraus, wird er nicht stubenrein, verschmutzt das Haus; Alleinsein über längere Zeit führt in aller Regel zu Neurosen.

Kurz gesagt, wer einen Dobermann halten möchte, muß körperlich in der Lage sein, ihn richtig zu erziehen und ihm genügend Auslauf zu geben, muß geistig fähig sein, auf die Aktionen eines hochintelligenten, schnellen Hundes zu reagieren. Um einen großen Hund ordentlich zu füttern, bedarf es finanzieller Mittel, zur Aufzucht eines Junghundes viel Geduld. Nur wer davon überzeugt ist, daß er diesen Anforderungen wirklich entspricht, eignet sich zur Haltung eines Dobermanns, kann sich auf den Weg machen, einen guten Junghund auszuwählen.

WELPENKAUF

Es gibt eine alte Grundregel, die besagt: „Kaufe nur vom Züchter!" Dies ist keine von den Züchtern betriebene Propaganda, um ihre Verkäufe zu steigern, sondern ein Grundsatz, der ernsthaftes Nachdenken verdient. Züchter sind im allgemeinen um das Wohlergehen ihrer Hunderasse sehr besorgt, legen Wert auf qualitativ gute Jungtiere. Meist sind sie schon über längere Zeit in der gleichen Hunderasse, haben zumindest einiges Wissen über die Ahnen ihrer Hündinnen und den zu ihnen passenden Zuchtrüden. Dies bedeutet, daß sie in aller Regel in der Lage sind, mehr auf gleichmäßigen Typ zu züchten als der Gelegenheitszüchter mit seiner Hündin, der einen Rüden zuweilen aus sehr persönlichen Gründen wählt, etwa weil er um die Ecke beim Nachbarn wohnt oder weil er laufend Ausstellungen gewinnt. Aus solchen Paarungen stammende Welpen können durchaus in Ordnung sein, es gibt aber weniger Wahrscheinlichkeit, daß sie erwachsen in Typ oder Wesen gleichmäßig ausfallen.

Die große Mehrheit von Würfen wird nicht von Großzüchtern gezüchtet, sondern von Liebhabern, die eine oder zwei Hündinnen haben. Viele dieser Liebhaber sind sehr gewissenhaft, bemühen sich darum, Spitzenqualitätswelpen zu züchten, sind auf ihre Zuchtprodukte sehr stolz. Viele haben auch Qualitätshündinnen mit guten Ahnentafeln, bemühen sich sehr, den richtigen Zuchtrüden auszuwählen. Der Lohn ist, daß sie durchaus Qualitätswelpen zu züchten vermögen. Auf der anderen Seite gibt es auch einige Großzüchter, die bei weitem nicht den hohen Qualitätsstandard anlegen, den man sich wünschte, für die Quantität von Welpen wichtiger ist als Qualität. Solche Dinge muß man wissen, bevor man loszieht und das erste, attraktiv aussehende Jungtier kauft, das angeboten wird.

Der Weg zum Züchter

Es gibt viele Wege, Welpenverkäufer zu finden. Oft werden Würfe in der Tages-

Unten: *Durch Paarung einer schwarzen Hündin mit einem isabellfarbenen Rüden entstanden in einem Wurf vier Farben, schwarz, rot, blau und isabell. Isabell ist nach FCI-Standard nicht erlaubt, aber in England gestattet.*

presse im Anzeigenteil angeboten, häufiger in Spezialhundezeitungen, zuweilen auch in allgemeinen Tierzeitschriften. Es ist grundsätzlich immer richtig, die nationalen Zuchtorganisationen der Hunderasse anzusprechen, von ihr erhält man eine Züchterliste. Man kann dann einfach Züchter auf dieser Liste direkt ansprechen, um Information über verfügbare Würfe bitten. Eine wichtige Informationsquelle ist so der nationale Dobermann Zucht Club. Dieser kann Interessenten nicht nur direkt mit Züchtern von gutem Ruf in Kontakt bringen, zumeist weiß er auch Einzelheiten über Würfe, die gerade zum Verkauf stehen. Viele Züchter verfügen auch über Informationen über Würfe, die von ihren Zuchtrüden stammen. Natürlich können sie die Qualität solcher Würfe nicht immer garantieren, denn meist haben sie sie weder gesehen, noch wissen sie genau, wie sie aufgezogen werden.

Ein anderer Weg ist, bei einem angesehenen Zwinger einen Welpen vorzubestellen. Dabei sollte man völlig eindeutig darlegen, wofür man den Junghund wünscht, als Ausstellungstier oder als Familienhund. Selbst wenn ein solcher Zwinger gerade keine eigenen Welpen anbieten kann, ist er meist in der Lage, Auskunft über Würfe bei anderen Züchtern zu geben, die aus hochwertigem Zuchtmaterial und bewährten Blutlinien stammen. Dort könnte man dann den Welpen, den man möchte, erhalten. Läßt man sich bei einem solchen Zwinger eine Option einräumen, sollte man sich keinesfalls festlegen, ehe man den Welpen etwa im Alter von 6–8 Wochen gesehen hat und sicher ist, daß er gefällt. Gegen eine solche Vereinbarung haben Züchter von gutem Ruf selten Einwände.

Einige Züchter fordern eine Anzahlung, wenn sich der Käufer entschieden hat. Dies ist völlig in Ordnung, man sollte aber keine Anzahlung leisten, ehe klar ist, daß man diesen Welpen auch haben möchte, eigentlich sollte man ihn immer erst gesehen haben. Die geforderte Anzahlung liegt im allgemeinen bei 10–20% des Kaufpreises. Man sollte wissen, daß die Anzahlung verloren ist, wenn man im letzten Augenblick seine Meinung wieder ändert und den Welpen nicht abnimmt.

Der beste Rat lautet deshalb, sich alle die Würfe anzusehen, die wirklich interessant sind. Natürlich sollte man sich jeweils bei den Zwingern vorher anmelden, da Züchter vom Besuch nicht angemeldeter Besucher nicht immer begeistert sind. Man lasse sich nicht verleiten, den ersten Welpen, den man sieht, sofort zu kaufen – alle Welpen sind süß, solange sie jung sind. Wenn notwendig, sollte man sich mehrere Würfe ansehen, sich aber erst dann festlegen, wenn man sicher ist, den Welpen gefunden zu haben, den man wirklich möchte, der sich für die vorgesehene Aufgabe bestens zu eignen scheint.

Will man nur einen Familienhund kaufen, gibt es auch eine Reihe von Tierschutzvereinen, bei denen man möglicherweise einen in Not geratenen Hund erhalten kann.

DER RICHTIGE WELPE

Die Frage Rüde oder Hündin ist in erster Linie eine Frage des persönlichen Geschmacks. Hündinnen sind etwas kleiner als Rüden, im allgemeinen weniger aggressiv und weniger dominant, deshalb möglicherweise leichter zu halten. Hündinnen kommen zweimal jährlich in Hitze, müssen über diese Zeit sorgfältig überwacht werden. Rüden sind dominanter, man sollte aber wissen, daß beide Geschlechter rauflustig sein können. Beide Geschlechter sind gleich liebevoll und anschmiegsam, gleich leicht zu erziehen, können je nach

Einzeltier recht selbstbewußt, zuweilen auch dickköpfig sein.

Man sollte sich klar darüber sein, warum man einen Dobermann möchte, was man von ihm erwartet. Die meisten Käufer möchten einen Dobermann lediglich als Haushund, der gleichzeitig Haus und Familie beschützt. Hat man aber auch Interesse, seinen Hund auf Ausstellungen zu zeigen, muß man sich vergewissern, daß er nicht nur ein angenehmer Familienhund ist, sondern auch über eine ausstellungswürdige Anatomie verfügt. Möchte man von seinem Dobermann zu gegebener Zeit züchten, muß man, gleich ob Rüde oder Hündin, ein wirklich gutes Exemplar der Rasse auswählen, das aus einer bewährten Blutlinie stammt. Zucht aus zweitklassigen, mit Mängeln behafteten Tieren ist weder für die Rasse, noch für den Züchter gut. Möchte man mit seinem Hund arbeiten, in Unterordnung- oder auf Gebrauchshundeprüfungen, sollte man sich einen Welpen kaufen, der aufgeschlossen ist, eine gute Veranlagung hat. Einem solchen Hund kann man durchaus kleinere Fehler nachsehen, die ihn von einer erfolgreichen Ausstellungskarriere ausschließen.

Einen Welpen kauft man etwa ab einem Alter von sieben Wochen. Einige Züchter halten ihre Welpen gerne bis zu acht Wochen, kein Züchter von gutem Ruf gibt Welpen unter sieben Wochen ab, es sei denn, es lägen ganz besondere Umstände vor. Die große Mehrheit der Welpen werden zwischen 7 und 12 Wochen verkauft, ältere Welpen kann man dann kaufen, wenn man sich vergewissert, daß in Aufzucht, Haltung und Sozialisation keine Fehler gemacht wurden. Junghunde zwischen 6 und 7 Monaten sind zwar körperlich herangewachsen, aber noch immer Jungtiere. Im Normalfall fügen sie sich innerhalb von wenigen Tagen in eine neue Umgebung und eine neue Familie problemlos ein.

Gelegentlich ziehen Züchter vielversprechend erscheinende Jungtiere selbst auf, um sie für die eigene Zucht oder Ausstellungskarriere zu reservieren, verkaufen sie dann etwa mit sechs bis sieben Monaten, wenn sie sie doch nicht behalten möchten. Im allgemeinen wird für einen älteren Junghund kein höherer Preis gefordert, es

Unten: *Man sollte die Welpenauswahl stets nach gewissen Grundsätzen treffen, etwa Rüde oder Hündin oder gewünschte Farbe.*

sei denn, er hätte sich besonders gut entwickelt; der Käufer hat den Vorteil, einen halb herangewachsenen Hund kaufen zu können. Natürlich muß man sorgfältig aufpassen, daß sich dieser angebliche Vorteil nicht als Nachteil herausstellt, etwa weil der Junghund schlecht ernährt wurde. Bei einem älteren Jungtier hat man natürlich in Anatomie und Wesen eine viel bessere Vorstellung, wie dieses ausgewachsen aussehen wird.

Neben allgemeinem Aussehen und Wesen des älteren Junghundes sollte man auch sorgfältig seine körperliche Verfassung prüfen. Ein Junghund muß ein sauberes Fell haben, gut ernährt sein, mit sauberen klaren Augen offensichtlich in gutem Gesundheitszustand sein. Es ist völlig natürlich, daß einige Welpen besser ernährt sind als andere. Es kann auch durchaus sein, daß ein noch etwas dünner, aber gesunder Junghund schnell das Versäumte nachholt, wenn er die persönliche Aufmerksamkeit findet, die ihm zuvor gefehlt hat. Aber Vorsicht, falls ein Hund kränklich aussieht, müde und lethargisch dasitzt oder Flecken an Kopf, Brust oder Bauch aufweist! Selbst wenn man hofft, ihn schnell wieder in Ordnung zu bringen, sollte man doch lieber in einem solchen Fall klar „Nein!“ sagen. Eigentlich sollte man beim Kauf eines Welpen keine zusätzliche, auch finanzielle Verantwortung übernehmen – diese sollte man seinem Züchter überlassen.

Das Wesen

Ob man sich einen Familienhund, Wachhund oder Ausstellungshund kauft, immer ist es entscheidend, daß der Hund ein gutes Wesen hat. Man möchte einen Hund, der den Familienmitgliedern gegenüber voller Liebe und Zuneigung ist, bellt, wenn jemand das Grundstück betritt, aber Leute, die man selbst ins Haus führt, akzeptiert. Man braucht wirklich keinen aggressiven Hund, um Haus und Familie zu schützen. Besitzt man aber einen aggressiven Hund, bedeutet dies eine große Verantwortung, man muß sicherstellen, daß jeder Besucher mit guter Absicht sicher das Haus betreten kann. Bei einem aggressiven Hund hat man nie Ruhe, ein entspanntes Gefühl – man muß immer befürchten, daß er etwas Verbotenes anstellt.

Über die Frage „gutes Wesen“ gehen die Meinungen weit auseinander. Da gibt es Leute, die von ihrem Hund Aggression gegen jedermann erwarten, der ihr Grundstück betritt. Das kann angehen, solange solche Hundehalter in der Lage sind, jederzeit ihre Hunde unter Kontrolle zu halten. Oft tritt das Problem dann später auf, wenn solche Leute Welpen züchten, welche die gleichen Aggressionen geerbt haben, diese Hunde aber nun an normale Familien verkaufen, wo ein solches Wesen nicht kontrolliert werden kann. Solche Hunde bringen nicht nur die Rasse in Verruf, sie sind auch immer in Gefahr, heimatlos zu werden, landen häufig in den Zwingern der Tierschutzorganisationen. Man sollte sich klar vor Augen führen, daß selbst Polizei und Armee keine wirklich aggressiven Hunde wünschen. Auch diese bevorzugen ausgeglichenes Wesen, das angemessen kontrolliert werden kann, Hunde, die nur auf Kommando aggressiv reagieren.

Nicht immer ist es möglich vorauszusagen, wie sich das Wesen eines acht Wochen alten Welpen beim Erwachsenen zeigen wird. Man sollte stets auf einen Welpen achten, der fröhlich auf einen zukommt, an allem ringsum lebhaftes Inter-

esse zeigt, nichts dagegen hat, auf den Arm genommen und gestreichelt zu werden, dem Menschen gegenüber Zuneigung zeigt. Einige Welpen kommen nicht auf Anhieb auf Besucher zu, halten sich zurück, betrachten die Besucher zunächst auf Distanz. Dies sollte vom Kauf nicht abhalten, es bedeutet nicht, daß dieser Junghund notwendigerweise nervös sein muß. Man hüte sich aber vor Welpen, die weglaufen und sich verstecken, Furcht und Abneigung vor Besuchern zeigen. Auch ein solcher Welpe kann sich ausgewachsen zum liebevollen, loyalen und treuen Familienmitglied entwickeln, ist aber meist Fremden gegenüber nervös, zeigt sich bei Spaziergängen und Besuchern zu Hause unsicher. Das braucht nicht in Aggressivität auszuarten, aber hierdurch wird das Leben für Hund und Besitzer schwieriger, insbesondere wenn man Teil einer weltoffenen und kontaktreichen Familie ist.

Oben: *Vor der Auswahl sollte man sich Welpen gründlich ansehen. Sie sollten Menschen fröhlich entgegenkommen, in guter, nicht zu magerer Kondition sein.*

Selbst wenn der achtwöchtige Welpe ein gesundes und stabiles Temperament zu haben scheint, garantiert das nicht, daß dies auch beim erwachsenen Hund der Fall ist. Da echte Wesen entwickelt sich nicht vor einem Alter von 5–6 Monaten.

Es ist immer gut, wenn man sich die Eltern und nach Möglichkeit auch eng verwandte weitere Dobermänner ansieht. Zwar erbt ein Junghund nicht zwangsläufig das Wesen seiner Eltern, dennoch gibt dies nützliche Hinweise. Man sollte sich immer die Mutter zeigen lassen, ist man noch unsicher, sollte man sich auch den Vater ansehen, notfalls diesen bei seinem Halter besuchen. Fühlt man sich unsicher, sollte man es offen sagen, kein wirklich guter

Züchter ist dadurch beleidigt. Beim Betrachten der Eltern gewinnt man auch eine Vorstellung, wie der erwachsene Junghund einmal aussehen wird. Man sollte unbedingt wissen, daß das spätere Wesen eines Hundes in ganz großem Ausmaß von seiner Aufzucht abhängig ist. Wesen ist immer eine Kombination von Erbe der Vorfahren und Umwelt.

AUSSTELLUNGSWELPEN

Ist man an einem Ausstellungswelpen interessiert, muß man darauf achten, daß er nicht nur gutes Wesen, sondern ebenso guten Körperbau aufweist. Es gibt keinerlei Geheimnisse um einen Ausstellungshund, sehr viele Familienhunde entsprechen durchaus dem Ausstellungsstandard, gleich, ob sie nun tatsächlich ausgestellt werden oder nicht, genauso ist die große Mehrheit der Ausstellungshunde gleichzeitig Familienhund. Möchte man später seinen Hund ausstellen, sollte man natürlich versuchen, schon bei der Welpenauswahl auf ein vielversprechendes Ausstellungstier zu achten. Um hierbei Erfolg zu haben, braucht man eine ganze Menge Erfahrung, und selbst dann ist es bestimmt nicht einfach.

Am besten bittet man einen erfahrenen Züchter bei der Auswahl eines Welpen um fachkundige Hilfe. In allen Würfen gibt es einige Welpen, die für Ausstellungen versprechender sind als andere. Die Trennlinie ist oft sehr dünn, häufig nur eine Frage subjektiver Beurteilung. Natürlich ist es ein Vorteil, wenn man aus einem Wurf die erste Wahl hat, dadurch werden die Chancen auf einen wirklich guten Junghund größer. Oft hält ein Züchter sich selbst einen Welpen zurück, zur Zucht oder für die Ausstellung, es ist aber durchaus möglich, daß er den falschen auswählt, den besten verkauft. Man muß aber vorsichtig sein, oft sind in einem Wurf überhaupt keine Welpen vorhanden, die Ausstellungschancen versprechen.

Nie sollte man erwarten, einen Champion kaufen zu können, es gibt eben nur sehr wenige. Dabei müßte man nicht nur das Glück haben, einen Hund von außerordentlich gutem Körperbau zu finden, um einen Champion daraus zu machen. Es bedarf auch sehr viel persönlichen Aufwands hinsichtlich Ausbildung und weiter Ausstellungsreisen, um den abschließenden Erfolg zu erreichen.

Möchte man das Ausstellungspotential eines Jungtieres beurteilen, muß man Körperbau, Harmonie und Wesen mit dem Rassestandard vergleichen. Gleichzeitig muß man sich eine Vorstellung machen können, wie der Welpe als Erwachsener wahrscheinlich aussieht. Für diese Aufgabe stellt man am besten jeden Welpen auf einen Tisch, ganz wie kleine Hunde einem Richter präsentiert werden. Man braucht

Unten: *Isabellfarbener Junghund „Izzy", 10 Wochen alt, in Vorbereitung auf seine Ausstellungskarriere. Diese Farbe ist nach FCI-Standard nicht zulässig.*

sicher einige Zeit, einen Welpen zu überreden, sich auf einem Tisch zu präsentieren, hat er aber begriffen, daß ihm nichts Böses passiert, läßt er sich dies im allgemeinen gefallen. Das hängt natürlich auch davon ab, ob ihm sein Züchter schon ein solches Präsentieren beigebracht hat.

Wichtige Hinweise

Hat man den Welpen quadratisch aufgebaut vor sich auf dem Tisch stehen, ist die erste Frage, ob er ringsum ein gutes Bild macht. Man sollte eine Miniaturausgabe eines gut ausbalancierten, gesunden Hundes sehen. Man achte auf starke Knochen, gerade Vorderläufe und Katzenpfoten. Verdickungen an den Vorderläufen sind kein Grund zur Beunruhigung, es handelt sich dabei um Wachstumsknoten, die später verschwinden. Man achte auf tiefe Brust, die bis zu den Ellenbogen reichen sollte, die Ellenbogen sollten dicht am Körper anliegen. Flache Brust und lose Ellenbogen sollte man meiden. Man achte auf gut zurückliegende Schultern, langen, eleganten Hals und einen klaren Übergang vom Hals in einen kräftigen, geraden Rücken und hochangesetzte Rute. Die Rute ist die direkte Fortsetzung der oberen Linie, sollte nicht tiefer angesetzt sein. Die Vorder- und Hinterläufe müssen von angemessener Länge sein, gute Kniewinkelung, die Sprunggelenke sollten parallel stehen. Man achte auf richtige Gebißstellung, dabei greifen die Schneidezähne des Oberkiefers dicht vor die des Unterkiefers. Mach achte darauf, daß die Augen in der Farbe nicht zu hell sind, daß die Kopfproportionen stimmen, ein Rüdenwelpe beide Hoden aufweist, die deutlich fühlbar im Hodensack liegen.

Es gibt eine ganze Reihe von Dingen, über die in diesem Alter einfach noch keine feste Beurteilung möglich ist. Natürlich kann man einen groben Kopf oder einen zu flachen Kopf leicht erkennen, man kann aber schwer voraussagen, ob die gegenwärtige Kopfform mit dem weiteren Wachstum des Junghundes unverändert bleibt. Die Augenfarbe erscheint bei einem Jungtier zuweilen recht hell, dunkelt aber vielleicht in den nächsten Monaten nach.

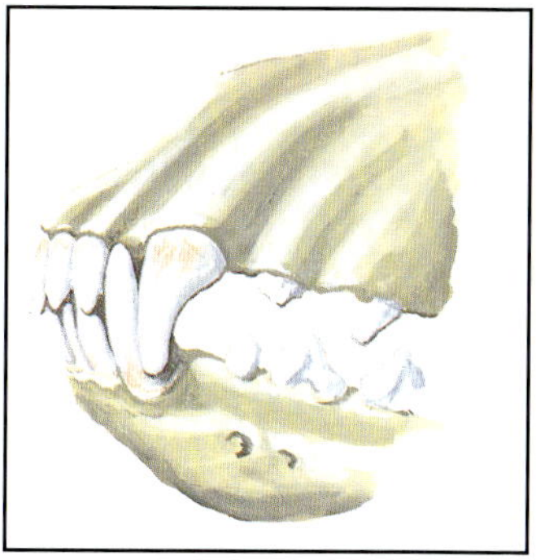

Oben: *Der Welpe sollte einwandfreies Scherengebiß haben, dabei greifen die oberen Schneidezähne schleifend vor die unteren.*

Durch einen kurzen Hals sollte man sich nicht zu sehr abschrecken lassen, solange die Schulterlagerung korrekt erscheint, der Welpe sonst ausgewogen ist; häufig paßt sich der Hals den übrigen Körperproportionen später noch an. Auch die Beurteilung der Front ist zuweilen schwierig. Drehen sich die Vorderläufe leicht nach außen, könnten sie sich mit der Weiterentwicklung des Jungtieres noch straffen, das dauert aber zuweilen bis zum Alter von 6–9 Monaten. Ist das Nachaußenstellen der Vorderläufe eine Folge loser Ellenbogen, muß man vorsichtiger sein, denn diese zwei Fehler sind mehr ein Hinweis für fehlerhaften Körperbau als für Spätentwicklung. Man sollte keinen Welpen mit falscher Gebißstellung wählen, denn das zweite Gebiß wird dann auch meistens fehlerhaft sein. Man muß aber wissen, daß die gute Gebißstellung des Welpen noch keine Garantie ist, daß auch das Erwachsenengebiß korrekt steht, hier liegt einfach ein Risiko, das man tragen muß. Man lasse sich auch nicht verleiten, Ratschlägen derer zu folgen, die eine flache Brust als annehmbar ansehen, behaupten, diese tiefe sich später aus. Ist die Brust im Alter von acht Wochen flach, ist sie es ebenso mit acht Monaten.

Kapitel drei

FÜTTERUNG UND PFLEGE

FÜTTERUNG

Zur Abgabezeit eines Welpen erhält dieser beim Züchter drei, vier oder sogar fünf Mahlzeiten täglich – man sollte sich immer vom Züchter den Futterplan mit allen Details geben lassen. Anfangs füttert man in gleicher Weise weiter, ändert den Speiseplan und die Zeiten nur nach und nach entsprechend den persönlichen Vorstellungen. Bei der Fütterung des Hundes gibt es kein „Richtig" oder „Falsch", solange man gewisse Grundregeln einhält, seinen gesunden Menschenverstand gebraucht.

Das erste Ziel ist, den Junghund sobald als möglich auf drei Mahlzeiten täglich umzustellen – eine große Mahlzeit morgens und abends und eine leichte, nahrhafte Mittagsfütterung. Etwa im Alter von fünf Monaten wird die Mittagsmahlzeit eingestellt. Der Hund erhält bis zum Alter von zehn Monaten weiter seine Morgen- und Abendmahlzeit, dann kann die Morgenfütterung gestrichen werden, man ist beim üblichen Einmaltäglichfüttern angelangt. Erscheint ein Hund dünn oder braucht er täglich zwei Mahlzeiten, um sein Gewicht zu halten, erhält er diese solange wie notwendig.

Für die Hauptmahlzeiten verwendet man entweder Fleisch mit Zeralien oder eine industriell hergestellte Vollnahrung. Man sollte nur Fleisch guter Qualität kaufen, also Rindfleisch, Rinderbacken, Zunge, Herz, Nackenstücke (entweder frisch oder gefroren). Pansen ist ein vorzügliches Fleisch, das man häufig in Gefrierbeuteln kaufen kann. Bei dieser Ernährung braucht man zusätzlich etwas Fett, aber keinesfalls zuviel. Man sollte dem Hund auch kein besonders reiches Fleisch wie Pferdefleisch geben, keinesfalls Schweinefleisch.

Bei der Auswahl von Futterflocken oder Hundekuchen achte man auf gute Qualität. Man sollte sie vor Gebrauch entweder mit heißem Wasser oder Fleischbrühe einweichen. Für Hundekuchen benutzt man nur so viel Flüssigkeit, daß er seine krümelige Form bewahrt, dann vermischt man das ganze mit Fleisch, das man zuvor in kleine Stücke geschnitten hat. Füttert man rohes Fleisch, muß auf Frische geachtet werden und Sicherheit, daß kein Durchfall ausgelöst wird (rohe Leber, Milz, Euter), der bei Dobermännern nicht ungewöhnlich ist. Gekochtes Fleisch ist vorzuziehen, die Risiken sind geringer, und langsam gekocht, mit etwas Zugabe von Salz, erhält man Fleischbrühe zum schmackhaften Einweichen von Hundebiskuits und Zeralien.

Erwachsene Hunde brauchen eine Mischung von ⅓ Fleisch, ⅔ Zeralien oder Hundekuchen. Bei heranwachsenden Jungtieren, tragenden oder säugenden Hündinnen wird der Proteingehalt etwas angehoben, dabei muß man aber darauf achten, Junghunde auch nicht mit zuviel Protein zu ernähren.

FERTIGNAHRUNG

Heute findet man ein umfassendes Fertigfutterangebot, entweder Mischfutter (Flocken mit Gemüse und/oder Fleisch) in Beuteln oder Pellets, denen unter Hitzeeinwirkung Wasser entzogen wurde (Preßfutter). Die verschiedenen Marken unterscheiden sich beträchtlich in der Qualität, deshalb sollte man immer verschiedene Produkte ausprobieren, bis man findet, was dem eigenen Hund am besten schmeckt und bekommt.

Ganz gleich, welche Futtersorte man verwendet, wichtig ist, daß es mit heißem Wasser oder Brühe eingeweicht wird (nicht zu weich), bevor man füttert. Das Futter wird leichter verdaulich und die Gefahr einer Magendrehung, oft durch trockenes Futter begünstigt, reduziert. Unter Hitzeeinwirkung produzierte Pellets sind den mit Fleischmehl erzeugten Produkten überlegen, da hier das Risiko einer Futtergärung durch ungenügende Feuchtigkeitsaufnahme des Fleischmehls verringert wird. Produkte mit sehr viel Maisflokken sollte man meiden, sie sind zwar vorzüglich, um einem Dobermann Substanz zu geben, lösen aber gerne Allergien aus, was man oft erst mehrere Monate nach Einsatz dieser Produkte feststellt. Die Allergie zeigt sich durch plötzlich auftretende Pusteln, entweder entlang dem Rücken oder an der Brust und auf dem Bauch.

Fertigfutter sind nicht nur sehr bequem zu füttern, sie bieten auch eine ausgewogene Ernährung, da sie genaue Mengen an Proteinen, Kohlehydrate, Fette und Öle enthalten, ebenso Vitamine, Mineralien und Spurenelemente, wie sie der Hund braucht. Dobermänner gedeihen mit Fertignahrung, die einen Proteingehalt von 20–27% aufweisen, recht gut. Man sollte die Balance nicht durch zusätzliche Proteinfütterung verändern, auch keine Vitaminergänzungen „falls der Hund sie brauchte“ einsetzen. Dies wäre nicht nur Verschwendung, sondern könnte den Hund sogar schädigen.

Büchsennahrung

Heute gibt es ein breites Angebot an Büchsenfutter für Hunde. Auch hier finden wir große Unterschiede in Preis und Qualität, im allgemeinen erhält man den angemessenen Gegenwert für den Preis, man sollte auf einer bekannten oder zuverlässig empfohlenen Marke bestehen. Viele Dobermänner haben empfindliche Mägen, entwickeln bei Büchsennahrung Durchfall, hierauf muß man achten. Für Dobermänner ist Büchsenfütterung als Regelnahrung nicht angemessen, obwohl sie zur gelegentlichen Fütterung – etwa auf Reisen – recht nützlich ist. Man nimmt eine Büchse Fleisch anstelle von Frischfleisch, vermischt diese mit eingeweichtem Hundekuchen. Es ist immer ratsam, den Dobermann an Büchsenfütterung zu gewöhnen, es gibt viele Situationen, wo kein Frischfleisch zu beschaffen ist.

Futtermengen

Die exakte Futtermenge für den Einzelhund hängt klar vom Nährwert der Nahrung und den individuellen Anforderungen ab. Über den Daumen gerechnet braucht ein Junghund im Alter von 2–3 Monaten ungefähr 450 g Futtermenge für seine zwei Hauptmahlzeiten. Ab vier Monaten sollte diese Menge auf etwa 700 g gesteigert werden, mit sechs Monaten auf ein Kilogramm.

Die genauen Mengen findet man ganz einfach durch Probieren heraus. Ein erwachsener Rüde, der eine Mahlzeit täglich erhält, braucht etwa 1,4 kg Futtermenge, eine Hündin etwa 1,1 kg.

Das Mittagsmahl für Junghunde bis zum Alter von fünf Monaten sollte leicht, aber nährstoffreich sein, zum Beispiel Rührei, Milchpudding oder Reispudding. Ungefähr 450 g je Mahlzeit, dies als grober Hinweis.

Unten: *Fertignahrung aus Pellets, eingeweicht und in einer Schüssel aus rostfreiem Stahl futterfertig gemacht. Die Mengen kontrolliert man am besten mit der Waage.*

Man achte darauf, daß der Dobermann Zugang zu gutem, frischem, sauberem Trinkwasser hat, das täglich gewechselt werden muß. Ideal ist eine Metallschüssel, die regelmäßig gesäubert werden muß, insbesondere wenn sie im Sommer draußen steht, um Algenentwicklung zu verhindern. Dobermänner tragen häufig ihre Wasserschüsseln durch die Gegend oder werfen sie um, dadurch kann es notwendig sein, die Schüssel mit einer Kette zu befestigen.

Der Dobermann braucht seine eigene Futterschüssel, am besten aus rostfreiem Stahl, mit einem Fassungsvermögen von etwa drei Litern. Porzellan- oder Glasgefäße werden leicht zerbrochen, Emailleschüsseln splittern, besonders wenn der Dobermann die Schüssel herumträgt. Nach jeder Mahlzeit wird die Schüssel ausgewaschen; man achte darauf, alle Reinigungsmittel gründlich auszuspülen. Reinigungsmittel in den Schüsseln können das Verdauungssystem des Hundes schädigen ebenso wie das des Menschen.

Leckerli dürfen nie zu einem größeren Bestandteil der Ernährung werden, da sie in aller Regel fütterungsmäßig nicht ausgewogen sind. Sie sind aber ein ganz wichtiges Bindeglied zwischen Mensch und Hund, der Hund teilt dabei mit seinem Herrn die Nahrung. Solange man seinen gesunden Menschenverstand nutzt, bilden Leckerbissen keine Gefahr für den Hund. Die meisten Dobermänner fressen nahezu alles vom Tisch ihres Herrn und teilen besonders gerne Obst mit ihm.

FUTTERZUSÄTZE

Für Junghunde wie für Erwachsene gibt es ein breites Angebot an Ergänzungsfutter von Vitaminen und Mineralien. Im großen und ganzen geben die meisten Hundehalter ihren Hunden viel zu viele solcher Zusatzstoffe. Wird ein Hund mit einer richtig ausgewogenen Futtermischung ernährt, ist die Zugabe von Vitaminergänzungen wertlos, eine unnötige Geldausgabe, die sogar dem Hund schaden kann. Dies trifft besonders dann zu, wenn man industriell hergestellte Fertignahrung füttert. Es gibt nur wenige Ausnahmen, wo sich der gezielte Einsatz von solchem Ergänzungsfutter als nützlich erweist.

Kalk

Zusätzliche Kalziumfütterung ermöglicht dem heranwachsenden Junghund, kräftige Knochen und Zähne zu entwickeln, wird allgemein als notwendig angesehen. Am besten verabreicht man diesen Kalk in einer Kalzium-Phosphor-Mischung mit zusätzlichen Vitaminen A und D, pulverisiert oder in Tablettenform. Eine solche Zusatzkaliziumgabe ist bei einer Fütterung mit Fleisch und Zeralien beziehungsweise Hundekuchen notwendiger als wenn man Komplettfutter füttert. Die jeweilige Menge ist abhängig von der Größe des Junghundes und der Zusammensetzung des Produktes. Auf der Packung findet man einen genauen Hinweis, den man befolgen, keinesfalls überschreiten sollte! Zusätzliches Kalzium verfüttert man etwa bis zu einem Alter von 12 Monaten. Gewarnt wird vor Kalziumzugabe in irgendwelcher anderen Form, es sei denn unter tierärztlicher Überwachung. Flüssiges Kalzium oder gar Kalziumspritzen sind unter bestimmten Voraussetzungen angemessen, zum Beispiel wenn offensichtlich ein Junghund Kalzium schlecht aufschließt, seine Vorderläufe stark gekrümmt sind. Ohne medizinischen Grund kann aus einer solchen Kalziumgabe aber großer Schaden entstehen.

Häufig wird für heranwachsende Jungtiere Knochenmehl empfohlen. Dies ist eine gute Quelle für Kalzium und Phosphor, aber wiederum hüte man sich vor zu großen Mengen, sonst droht Salmonellenbefall.

Vitamine A und D

Für Entwicklung und Zustand von Fell, Gewebe und Knochen spielt Vitamin A eine wichtige Rolle. Vitamin D ist für den Aufschluß von Kalzium unerläßlich, Vitamin-D-Mangel führt bei einem Junghund zu weichen Knochen und Rachitis. Vitamin A und D sind fettlöslich, werden im Körper gespeichert. Über eine längere Zeit größere Mengen davon verfüttert, kann diese Speicherung gefährliche Formen annehmen. Ein Überschuß an Vitamin D, kombiniert mit hohen Kalziumgaben, führt zu Gewebeverkalkung, während zu hohe Vitamin-A-Zufuhr Knochendeformationen auslöst.

Lebertran ist eine reiche Quelle an Vitaminen A, D und E. Vorsicht aber bei jungen Hunden. Auch Erwachsene sollten nur einmal wöchentlich während des Winters eine kleine Menge bekommen.

Vitamin E

Vitamin E ist am leichtesten in Weizenkeim-Kapseln verfügbar. Zu den Funktionen dieses Vitamins gehört die Verbesserung der Fruchtbarkeit, daher wird häufig empfohlen, es regelmäßig Zuchtrüden und

Hündinnen einige Wochen vor der Paarung zu geben.

Vitamine B und C

Am einfachsten ist Vitamin B in „Vitamin B Komplex-Tabletten" zu bekommen, die eine Auswahl der verschiedenen B-Vitamine enthalten. Diese Tabletten sind relativ preiswert, gut für Haut und Fell. Vitamin C erhält man normalerweise in Tablettenform, als Zusatz im Winter ist es nützlich. Wiederum wirken die Vitamingaben in erster Linie auf Haut und Fell. Zusatzfütterung von Vitamin B und C wird insbesondere für blaue und isabellfarbene Dobermänner empfohlen.

Hefetabletten werden unter einer ganzen Reihe von Markennamen angeboten. Sie sind eine vitaminreiche Hefezusammensetzung in Tablettenform, enthalten in erster Linie Vitamin B. Man kann sie täglich füttern, mit dem Heranwachsen des Junghundes die Anzahl der Tabletten vergrößern. Selbst wenn sie nicht unbedingt notwendig sind, schaden sie nicht, Hunde genießen sie.

Es hat sich bewährt, dem Hund gelegentlich etwa einen Eßlöffel Sonnenblumenöl in sein Futter zu geben. Es erhält die Hautfeuchtigkeit, gibt dem Fell Glanz. Auch ein Stück Margarine ist eine bewährte Alternative. Man sollte jedoch zusätzliches Öl nur dann verabreichen, wenn das Fell hart, trocken und stumpf erscheint, weil dies die Folge von zu geringem Öl- und Fettanteil im Futter sein kann.

Seetangextrakte in Tabletten oder Pulverform enthalten reichlich Jod, wodurch die Pigmentierung verstärkt wird. Gibt man über eine Reihe von Monaten täglich Seetangpulver, werden im allgemeinen die lohfarbenen Markierungen dunkler. Besonders nützlich ist Seetang zum Abdunkeln der Fellfarbe von braunen Hunden, gerade wenn sie im höheren Alter aufhellen. Seetang verstärkt aber nur die natürliche Haarfarbe eines Hundes, führt nicht zu dunkler Fellfarbe, wenn die natürliche Haarfarbe des Hundes hell ist. Es gibt auch bei reichlicher Gabe keine bekannten Risiken.

Unten: *Muß man viele Hunde füttern, bedarf es sorgfältiger Organisation und Planung. Man achte darauf, daß jede Schüssel gekennzeichnet ist, hierdurch werden Verwechslungen vermieden.*

ENTWURMUNG

Zumindest zweimal sollte der Welpe entwurmt sein, ehe er verkauft wird. Man prüfe beim Züchter, ob dies durchgeführt wurde oder nicht. Wenn nicht, entwurmt man ihn selbst so schnell wie möglich. Andernfalls wird er im Alter von 12–14 Wochen erneut entwurmt, da man im allgemeinen nicht sicher sein kann, daß bei den ersten Entwurmungen alle Würmer abgegangen sind. Die Menge an Wurmmitteln ist abhängig vom Gewicht des Hundes, beim Tierarzt erfährt man die richtige Dosierung.

Bewährt hat sich eine Wurmpaste (Banminth). Es gibt aber auch Tabletten, die in die Hauptmahlzeit gemischt werden. Man kann sie entweder zerkleinert ins Futter geben oder dem Hund direkt in den Fang.

Hat der Hund Würmer, erscheinen sie etwa 12–14 Stunden später im Kot, in diesem Fall sollte man nach weiteren zwei Wochen nochmals entwurmen. Von da an empfiehlt sich alle sechs Monate eine Routinewurmkur.

Bandwürmer

Zuweilen werden Dobermänner von Bandwürmern befallen. Diese sind schwerer zu bekämpfen als Spulwürmer, weil ihre Köpfe in der Darmwand verankert sind. Der Floh ist der wesentliche Zwischenwirt im Lebenszyklus eines Bandwurmes. Vom Hund abgehende Eier werden von Flöhen verschluckt, im Floh entwickeln sie sich. Werden danach die Flöhe vom Hund getötet und aufgefressen, geraten die Wurmlarven in die Eingeweide des Hundes, wo sie zu Bandwürmern heranreifen. Damit beginnt der ganze Zyklus von vorne.

Man sollte Bandwurmkuren nicht auf Verdacht durchführen, nur bei sichtlichem

Befall. Symptome sind Haarverlust rund um die Augen, fehlende Substanz, Heißhunger und ein allgemeiner Konditionsverlust. Man entdeckt einzelne abgestoßene Wurmglieder – sie ähneln Reiskörnern, sind im Stuhlgang zu erkennen. Man besorgt sich beim Tierarzt das richtige Wurm-

Wurmparasiten mit ihren Eiern
(nicht maßstabgerecht)

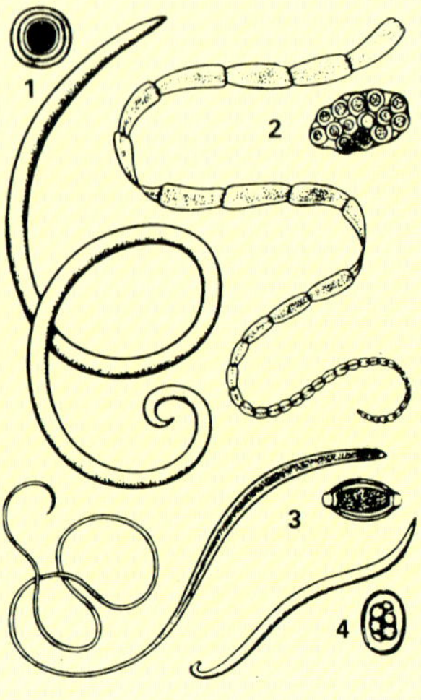

Oben: *Vier verschiedene Parasisten:*
1. Spulwurm (Toxocara canis)
2. Bandwurm (Dipylidium canium)
3. Peitschenwurm (Trichuris vulpis)
4. Hakenwurm (Ancylostoma caninum)

mittel und wendet dies exakt nach den Vorschriften an.

Es gibt eine ganze Anzahl von Wurmparasiten, die bei Hunden auftreten, am besten werden sie durch den Tierarzt durch eine Stuhlprobe identifiziert.

SCHUTZIMPFUNG

Welpen erhalten über ihre Mütter Abwehrstoffe gegen Krankheiten, zunächst über den Blutkreislauf der Mutter, während die Föten im Uterus liegen, in erster Linie aber dann über die erste Milch – die Kolostralmilch. Diese Abwehrstoffe sind wirksam gegen die Krankheiten, an denen die Hündin erkrankt war oder gegen die sie geimpft wurde. Je höher der Schutz der Mutterhündin, um so stärker die mütterlichen Antikörper, die den Welpen schützen. Diese gehen langsam zurück, bis die Welpen bei etwa 12 Wochen Lebensalter keinen Schutz mehr haben.

Aus diesem Grund sollte man Welpen mit 12 Wochen selbst impfen lassen, erst in diesem Alter kann ihr Körper dann Antikörper bilden, die ihnen den notwendigen Schutz geben. Schutzimpfungen vor einem Alter von 12 Wochen sind meist nicht wirksam, da aufgrund des noch vorhandenen mütterlichen Antikörperbestands der Körper nicht reagiert. Eine Ausnahme bilden Jungtiere, die von ihrer Mutter innerhalb der ersten Tage nach der Geburt keine Kolostralmilch erhalten haben, dadurch ist der mütterliche Schutz sehr viel geringer. Als Vorsichtsmaßnahme sollte man solchen Welpen im Alter von sechs Wochen eine zusätzliche Impfung geben, danach unbedingt die Normalimpfung im Alter von 12 Wochen. Bis zwei Wochen nach der Impfung sollte man Welpen von anderen Hunden getrennt halten (auch von Flächen, die von anderen Hunden benutzt werden). Dadurch ermöglicht man den Vaccinen, die richtige Immunität aufzubauen. Schutzimpfungen richten sich in der Regel gegen die vier Haupthundeseuchen, nämlich Hartballenerkrankung, Staupe, Hepatitis, Leptospirose und Parvovirose.

Impfungen erfolgen im allgemeinen durch eine kombinierte Injektion, zuweilen auch durch zwei Injektionen mit 12 und 14 Wochen, je nach der Anweisung der Hersteller und den Erfahrungen des Tierarztes.

Antikörper

Im allgemeinen ist das Niveau der Antikörper gegen Parvovirose bei Welpen höher, das bedeutet, daß der mütterliche Schutz gegen diese Erkrankung erst später absinkt. Dementsprechend reagiert ein Junghund bei einer Parvo-Impfung mit 12 Wochen zuweilen nicht ausreichend. Da gerade die Rasse Dobermann von dieser Krankheit besonders betroffen ist, empfiehlt sich eine vorsorgliche Wiederholungsimpfung gegen Parvovirose im Alter von sechs Monaten.

Man achte beim Tierarzt darauf, daß nur mit inaktivierten Vaccinen gegen Hepatitis geimpft wird. Der Dobermann ist gegen lebende Hepatitisvaccine besonders empfindlich, es gibt Fälle, wo aus der Impfung Heptatitis entstand, vereinzelt mit tödlichen Folgen. Ob man gegen Parvovirose lebende oder tote Vaccine einsetzen soll, ist umstritten. Lebende Vaccine werden allgemein als länger anhaltend und sicher angesehen; man benutzt den „feline panleucopenia virus", der für Hunde harmlos ist, aber gleichzeitig die Fähigkeit hat, den Antikörperaufbau zu vermehren.

Es gibt heute auch Impfstoffe gegen Zwingerhusten und Coronavirus; letzterer ähnelt dem Parvovirus, befällt aber im allgemeinen nur Welpen und ist nicht ebenso tödlich. Diese Impfstoffe werden zur Zeit mehr in den USA als in England eingesetzt.

In England gibt es keine Tollwutschutzimpfung mit Ausnahme für Hunde, die mit Genehmigung des zuständigen Ministeriums exportiert oder importiert werden. In vielen anderen Ländern – insbesondere USA und Europa – erfolgt eine Schutzimpfung gegen Tollwut im Rahmen der Erstimpfung von Welpen. Tollwutschutzimpfung ist ein „Muß"! Jährliche Wiederholungsimpfungen sollten unbedingt erfolgen.

Im allgemeinen werden durch Tierärzte und Hersteller von Impfstoffen jährliche Wiederholungsimpfungen empfohlen. Dieser Rat jährlich ist für die ersten 3–4 Jahre richtig, aber es gibt Zweifel, ob danach noch eine Notwendigkeit besteht. Wiederholungsimpfungen schaden nicht, geben Sicherheit, und die meisten Tierpensionen bestehen auch auf exaktem Impfschutz, schon um sich selbst zu schützen.

ZAHNWECHSEL

Etwa bis zum Alter von fünf Wochen sind die Milchzähne eines Welpen alle durchgebrochen; sie sind nadelscharf und kosten eine Menge kleiner „Macken", wenn man einen übermütigen, glücklichen Junghund besitzt.

Zwischen vier und acht Monaten fallen die Milchzähne aus, bricht das zweite Gebiß durch. Oft verschlucken die Welpen ihre Milchzähne, aber das schadet nichts.

Wenn die zweiten Zähne durchbrechen, braucht der Junghund etwas, worauf er kauen kann, deshalb sollte man ihm einen frischen, großen Beinknochen geben oder auch Büffelhaut-Kauknochen, die sich gut bewähren. Immer besteht die Notwendigkeit, dem Hund klarzumachen, daß Tischbeine oder andere Einrichtung nicht die passenden Gegenstände für ihren Kautrieb sind!

Unten: *Jungtiere werden gegen die Hauptundeseuchen im Alter von 12 Wochen geimpft, danach sind jährliche Wiederholungsimpfungen erforderlich.*

SOZIALISIERUNG

Wenn man einen Junghund im Alter von 8–12 Wochen nach Hause bringt, wird er im allgemeinen jedermann lieben, hat keine Vorurteile gegen Freund oder Feind. Vernünftige Hundehalter wünschen sich, daß ihr Hund so heranwächst, daß er jedermann akzeptiert, den man selbst ins Haus läßt, deshalb sollte man seinen Hund darin bestärken, Besuchern gegenüber freundlich zu sein, auf die Besucher einwirken, den Hund als ein zusätzliches Familienmitglied anzusehen. Dies ist ganz wichtig, denn der Hund muß lernen, daß auch nicht zur Familie gehörende Besucher willkommen sind.

Gleichzeitig muß man den Hund in seiner Auffassung bestärken, daß ungeladene Fremde nicht hereindürfen. Irgendwann im Alter zwischen fünf und zehn Monaten wird der junge Dobermann den von ihm erwarteten Wachinstinkt zeigen, man sollte den Hund darin unterstützen, ihn auffordern: „Paß auf! Wer kommt?" Benutzt man in seiner Stimme den richtigen Tonfall, vermittelt man dem Hund ein Gefühl der Unruhe, das seinen Wachinstinkt verstärkt. Er wird bald verstehen, schon nach kurzer Zeit schlägt er an, wann immer jemand an die Tür oder den Gartenzaun kommt.

Jetzt muß er lernen, mit dem Bellen aufzuhören, wenn sein Besitzer die „drohende Gefahr" erkannt hat, insbesondere wenn es sich um falschen Alarm handelt. Unkontrolliert kann Kläffen zu einer bösen Gewohnheit werden.

Welpen sollte man nie über längere Perioden alleinlassen, der heranwachsende Hund muß aber lernen, über gewisse Zeiten alleine zu bleiben, ohne sich dabei zu sehr aufzuregen. Man kann ihn dies sehr leicht lehren, indem man ihn in einem Zimmer des Hauses allein läßt (am besten in dem Zimmer, in dem sein Lager steht) und ihm sagt: „Bleib! Guter Junge, bleib!" Man läßt ihn einige Minuten allein, bleibt dabei aber in Hörweite. Wenn er kläfft

Unten: *„Kurt" demonstriert das „Handhalten"; dies ist eine der Arten, wie ein Dobermann seine besondere Freude zeigt.*

oder winselt, muß man ihm sagen: „Ruhe!" Nach kurzer Zeit kehrt man zu ihm zurück und lobt ihn. Diese Übung wird in regelmäßigem Abstand wiederholt, dabei von Mal zu Mal die Zeit des Alleinseins verlängert.

Kommt man nach Hause, erlebt man die Begrüßung seines Dobermanns, eine der rührendsten Eigenschaften dieser Rasse. Es gibt Unterschiede von Hund zu Hund, es geht bis zum Heranschleppen von „Geschenken" (gewöhnlich ein Kissen oder ein Schuh), dazu gehört Lachen, mit den Zähnen klappern, Handhalten oder ganz einfach die Pfoten auf die Schultern legen, eine Liebkosung abfordern. Man darf dieses Lächeln und Zähneklappern nie als Anzeichen von Aggression mißverstehen; Hunde, die dies tun, sehen dies als Kommunikationsmittel an, tun es meist sogar mit zunehmendem Alter immer mehr, insbesondere, wenn man sie dabei ermutigt.

Wenn man seinem Hund beibringt, Freunde und die ganze Familie zu akzeptieren, muß man gleichzeitig darauf aufpassen, daß Kinder den Hund nicht necken, reizen, ganz gleich, wie alt der Hund ist. Unvernünftiges Verhalten könnte den Hund veranlassen, rauh zu spielen oder – noch schlimmer – sich zurückzuziehen.

Ist der Hund im Alter von 12–14 Wochen durchgeimpft, beginnt man, ihn mit seiner Umwelt vertraut zu machen. Man gewöhnt ihn an Halsband und Leine, darf ihn dabei aber nie erschrecken. Einen kleinen Hund kann Verkehr sehr beunruhigen. Gestattet man ihm, sich langsam daran zu gewöhnen, wird er mit diesem Problem fertig. Lebt man in der Stadt, nimmt man ihn auf kurzen Spaziergängen auf dem Fußgängerweg mit, hält ihn dabei immer auf der linken Seite (also vom Verkehr abgewandt). Der Hund wird dabei an kurzer Leine geführt, erhält mit Stimme und Hand viel Ermunterung.

Es gibt Ausbildungsgruppen für Ringtraining wie für Unterordnung, beide eignen sich hervorragend, junge Hunde an Menschen und andere Hunde zu gewöhnen.

Ein Junghund lernt schnell, Katzen – ja alle anderen Tiere – zu akzeptieren, wenn sie schon im frühen Lebensalter Teil seiner natürlichen Umgebung sind. Dabei kann es durchaus sein, daß er die eigene Katze liebt, aber die Katzen des Nachbarn jagt!

Meist hat der Dobermann wenig Kontaktmöglichkeiten zu anderen Tieren wie Kühen, Schafen und Pferden. Trotzdem sollte man ihn frühzeitig lehren, daß er diese nie jagen darf. Wenn sie in der Nähe sind, sollte man ihn stets an der Leine führen, ihn damit vertraut machen.

Oben: *Eine solche stürmische Begrüßung ist für den Dobermann charakteristisch, Ausdruck seines Wunsches nach engem körperlichen Kontakt mit seinem Besitzer.*

LEINENFÜHRIGKEIT

Diese Erziehung beginnt man sehr früh, am besten bereits ein paar Tage nach der Ankunft des Welpen. Man kauft ein billiges Lederhalsband, gerade groß genug, um für die ersten Wachstumsmonate zu passen (wenn nötig, macht man ein paar zusätzliche Löcher ins Leder). Ist der Hund einmal ausgewachsen, kauft man ihm natürlich ein Halsband besserer Qualität. Nur als grober Hinweis: man braucht für eine erwachsene Hündin eine Halsweite von etwa 41 cm, für einen Rüden von 45 cm.

Man legt dem Junghund zunächst das Halsband nur an, um ihn daran zu gewöhnen. In aller Regel führt es zu Protesten und dem Versuch, es abzustreifen. Hier muß man den Hund spielerisch ablenken, dann vergißt er das Halsband bald. Hat er sich erst daran gewöhnt, hängt man eine Leine an. Jetzt kommt es meist zu stärkeren Protesten, wenn er die Einschränkungen der Leine merkt. Hier muß man sehr zart mit dem Hund umgehen, darf ihn nicht erschrecken. Man hält die Leine kurz, spricht mit ihm, krault ihn unter dem Kinn, liebkost und bewegt ihn zu einem kurzen Spaziergang, indem man mit kleinen Leinenrucken und tüchtigem Lob, wenn er folgt, arbeitet. Man hält immer wieder an, um dem Hund Selbstvertrauen zu geben. Bestechung hilft oft – gekochte Leberbröckchen oder Käsebiskuits sind manchmal auf einem solchen Spaziergang ein recht nützlicher Helfer. Hat er erst einmal die Grundidee begriffen, versucht man, mit ihm rund über den Rasen oder durch den Garten zu gehen. Zunächst wird er mit einigen Sprüngen und Rucken folgen, aber bald wird seine Unsicherheit schwinden.

Geht man erstmals mit ihm auf die Straße, darf man nie übertreiben. Keinesfalls sollte er durch Verkehr und Trubel des Alltagslebens erschreckt werden, man lasse ihm Zeit, alles in sich aufzunehmen. Wie bei jeder Erziehung braucht er viel Ermunterung, immer neues Lob.

STUBENREINHEIT

Ist ein Junghund im Zwinger aufgewachsen und hatte dabei freien Zugang zum Auslauf, ist er aller Wahrscheinlichkeit nach schon weitgehend stubenrein, wenn man ihn kauft. Gerade Dobermänner sind von Natur aus sauber, ziehen immer vor, sich, wenn irgend möglich, draußen zu lösen.

Die Erziehung zur Stubenreinheit ist eine Frage des gesunden Menschenverstandes. Hat der Welpe gefressen, setzt man ihn hinaus, wacht er auf, wird er nach draußen gebracht. Man sagt ihm dabei: „Schnell, Bächlein machen!“, wartet unbedingt neben ihm. Bald lernt er, warum er hinausgebracht wurde. Hat er das Gewünschte getan, wird er tüchtig gelobt, dann darf er direkt wieder mit ins Haus zurück. Bei gutem Wetter läßt man die Tür zum Garten offenstehen, so daß er je nach Bedarf heraus und hinein kann.

Welpen mit drei Mahlzeiten täglich muß man in regelmäßigen Abständen hinausführen, außerdem sie sorgfältig beobachten, vorausschauen, was notwendig ist. Parallel hierzu wird der Junghund bald andeuten, wann er hinaus möchte, indem er zur Tür geht, in offensichtlicher Not hin und her läuft. Kommt es zu einem gelegentlichen Mißgeschick, sollte man sich hierüber keinesfalls aufregen, dies gehört einfach dazu. Man braucht dabei Putzlappen und Eimer, ebenso eine Rolle Küchentücher. Bis der Junghund stubenrein ist, sollte man ihn auf bestimmte Zimmer räumlich beschränken. Dadurch kommt es im übrigen Haus zu weniger „Unfällen“.

Spätabends sollte man dem Hund nie zu trinken geben. Er erhält direkt nach der Abendmahlzeit Wasser, dann nimmt man es bis zum nächsten Morgen weg. Als letztes, ehe man selbst zu Bett geht, bringt man den Junghund hinaus, dann sollte er eigentlich die Nacht über sauber sein. Kann man ihn außerdem auch nachts einmal hinauslassen, zumindest aber als erstes am Morgen, sollte er bald lernen, die Nacht durchzuhalten. Oft wird vorgeschlagen, Junghunde auf Zeitungspapier als Toilettenersatz zu üben, das ist aber in Wirklichkeit irreführend, es bringt die Hunde zu der Vorstellung, daß ein Sichlösen innerhalb des Hauses gestattet sei. Gerade dies sollten junge Hunde nie lernen!

Hat man einen erwachsenen Hund, der nachts nicht stubenrein ist, kann dies an einer falschen Futterzeit liegen. Zunächst stellt man die Fütterung auf den Abend, nie auf den Morgen um, läßt keinesfalls nachts Wasser herumstehen, geht mit dem Hund spätabends als letztes und frühmorgens als erstes hinaus. Als letzten Ausweg kann man einen Hund an sein Lager anketten, dabei muß man darauf achten, daß die Kette so lang ist, daß sie ihn nicht zu sehr hindert. Alternativ kann man einen geschlossenen, stabilen Schlafkäfig wählen. Dies führt oft zum Erfolg, da ein Hund nur sehr ungerne das eigene Lager beschmutzt. Dauert das Problem an, sollte man den Hund vom Tierarzt untersuchen lassen, sich vergewissern, daß es sich nicht um eine Erkrankung handelt.

VERSICHERUNG

In verschiedenen Ländern haben sich Krankenversicherungen auch für Hunde bewährt. So schließen in England Züchter eine einmonatige Krankenversicherung vor dem Verkauf eines Welpen ab. Der Käufer erhält seinen Kaufpreis zurück, wenn innerhalb dieser Zeit der Welpe stirbt oder verlorengeht. Auch Tierarztkosten sind über diesen Zeitraum versichert. Ein Schutz gerade über den ersten Monat ist sicherlich gut, denn die größten Risiken liegen durch neues Heim, neue Umgebung, Futterumstellung und Impfungen gerade in diesem Zeitraum.

Dieser zeitlich beschränkte Schutz kann auf unbestimmte Zeit ausgedehnt werden. Es sei aber strikt empfohlen, genau zu prüfen, welche Kosten damit verbunden, welche Risiken tatsächlich abgedeckt sind. Auch Krankenversicherungen müssen eine Deckung der tatsächlich anfallenden Kosten finden, sie wollen an Hunden auch einiges verdienen.

Dem Besitzer eines Dobermanns wird besonders empfohlen, für den Hund eine Haftpflichtversicherung abzuschließen. Diese ist nie zu teuer, bietet wichtigen Schutz für den Fall, daß entsprechend der gesetzlichen Gefährdungshaftung Ersatzansprüche an den Halter gestellt werden. Immer besteht die Gefahr, daß ein Hund einen Menschen oder fremden Besitz verletzt. Eine Haftpflichtversicherung deckt aber keinen Schaden ab, der dem Halter selbst entsteht, wichtiger ist die Absicherung von Fremdschäden. In einzelnen Ländern bestehen Möglichkeiten, für Wach- und Schutzhunde Steuerbefreiung zu erhalten. Wird ein Hund zum Schutz gewerblicher Räume eingesetzt, kann man Kaufpreis und die wesentlichen Unterhaltungskosten einschließlich Versicherung und notwendiger Ausrüstung steuerlich geltend machen.

UNTERBRINGUNG

Der richtige Platz für den Dobermann ist immer das Leben im Haus zusammen mit den Menschen. Dieses Haus wird schnell zu seinem Haus, er teilt es mit seinen Menschen. Diese einfache Tatsache muß man von Anfang an richtig verstehen, dann führt es später nicht zu Problemen.

Der Dobermann ist ein sehr liebebedürftiger Hund, der immer möglichst eng Kontakt mit der Familie haben möchte. Nur als Haushund kann er dieses enge Band der Liebe, Loyalität und Vertrauens entwickeln, was ein ganz wichtiger Teil des Zusammenlebens mit dieser Hunderasse darstellt. Hierdurch entwickelt er seine eigene Persönlichkeit, seinen Charakter, schnell lernt er alles, was er wissen muß, paßt sich seiner Umwelt an, wird zum Wächter des Hauses und als Wichtigstes von allem: sein Besitzer erlebt das einzigartige Vergnügen, die persönliche Befriedigung, einen Dobermann in der Familie als Lebensgefährten zu haben.

Gerade der Wunsch des Dobermanns nach engem Kontakt ist in Wirklichkeit Ausdruck der charakteristischen Eigenschaften aller Hunde als „Rudeltiere“. Der Hund akzeptiert seinen Herrn als Rudelführer, er ist Bestandteil des Rudels, deshalb will er immer eng im Kontakt zum Menschen leben. Ein Hund, der diesen Kontakt verliert, den man alleine in seinem Zwinger läßt, gerät in Isolation, kann sehr leicht ein völlig abnormes Wesen entwickeln, große Probleme mit seiner Umwelt haben.

Unten: *„Rita“ führt das „ideale Hundebett“ vor, allerdings bevorzugen die meisten Dobermänner einen bequemen Armsessel! Dieses Hundelager ist mit Teppich ausgeschlagen.*

DAS LAGER

Die Auswahl des Lagers hängt in gewissem Umfange davon ab, ob der Dobermann im Hause oder im Zwinger leben kann. Lebt er im Haus – was ich unbedingt empfehle – sollte man ein kleines Lager bauen, mit hohen Seitenwänden, damit es nicht zieht. Holz ist hierfür ideal, es ist dauerhaft, kann – so notwendig – tüchtig geschrubbt werden. Für Welpen kann man allerdings weniger dauerhaftes Material wählen, weil dieses Lager ohnedies nur für kurze Zeit brauchbar ist. Man muß die Hundekiste an warmer Stelle zugfrei aufstellen, so hat er seinen Zufluchtsplatz, auf den er sich zurückziehen kann, wenn ihm danach zumute ist. Man sollte ihm das Lager möglichst bequem machen, so daß es ihn auch wirklich anzieht – eine alte Decke ist ideal, aber man darf ihm nicht gestatten, diese zu benagen.

Erhält der Junghund eine Holzkiste, muß man darauf achten, daß die Vorderseite niedrig ist, so daß er leicht und sicher heraus- und hereingehen kann. Weidenkörbe sollte man meiden, sie werden nur zu leicht angenagt, was schlecht für den Korb und schlecht für den Junghund ist, denn der Hund könnte dabei Korbstücke verschlucken.

Es gibt ein breites Angebot an käuflichen Hundelagern. Hierzu gehören auch Plastikbetten, die kalt und hart sind, obgleich viele Dobermänner sie gerne annehmen. Mit Schaumstoff-Flocken gefüllte Kissen sind bei Dobermännern recht beliebt, manche schleppen sie durchs ganze Haus. Der Dobermann liebt offenes Feuer. Nach Möglichkeit sitzt er so dicht wie möglich daran, bis die Hitze unerträglich wird. In aller Regel verletzen sich die Hunde dabei nicht, dennoch sollte man Vorkehrungen treffen, ähnlich wie für ein Kind. Stets bringt man ein Feuergitter vor dem Feuer an, wenn man es unbeaufsichtigt läßt.

ZWINGERHALTUNG

Hat man die Absicht, seinen Hund in einem im Freien gelegenen Zwinger schlafen zu lassen, muß man sicherstellen, daß dieser wetter- und wasserfest ist, daß im Inneren ein eigene hölzerne Lagerkiste steht. Für den Einschlupf hat sich eine Klapptür sehr bewährt, sie wird oben angeschlagen, so daß der Hund jederzeit auf Wunsch in den Garten oder in seinen Auslauf kann. Dadurch bleibt der Zwinger sauber, man braucht nur den Außenauslauf zu reinigen.

Da der Dobermann kurzhaarig ist, kälteempfindlich, muß sein Zwinger in der kälteren Jahreszeit beheizt sein. Als sichere und bequeme Heizung hat sich ein Infrarotstrahler erwiesen, der mit Thermostat ausgestattet ist. Keinesfalls sollte man Öl- oder Gasheizungen verwenden, beide geben möglicherweise gefährliche Gase ab, könnten auch umgeworfen werden und damit Feuer auslösen. Man achte darauf, daß der Infrarotstrahler außerhalb der Reichweite der Hunde liegt, bei einem Holzgebäude auf eine Asbestschicht montiert wird, um die Feuergefahr zu mindern. Über die Winterzeit liegt die notwendige Mindesttemperatur im Zwinger bei 7–10°C.

Die Mindestmaße des Zwingerhauses im Außenzwinger für einen ausgewachsenen Dobermann betragen 1,6 m breit, 76 cm tief, 1,80 m hoch. Unbedingt empfehlenswert ist eine im Zwingerhaus stehende Schlafkiste, deren Front offen ist, mit einem 15 cm hohen herausnehmbaren Frontbrett. Dadurch kann der Dobermann leicht herein und heraus, die übrigen Wände schützen ihn vor Zugluft, halten die Einstreu in der Kiste. Die Schlafkiste sollte immer etwa 15 cm Bodenabstand haben, dieser schützt vor Feuchtigkeit und ermöglicht genügend Luftzirkulation.

Einstreu

Für das Hundelager nimmt man am besten ein Stück Teppich, darauf kommt eine Decke oder eine Lage Stroh. Gerstenstroh ist am weichsten und behaglichsten, Weizenstroh härter, wird aber nicht so schnell zusammengelegen. Ungeziefer siedelt sich ungerne in Weizenstroh an. Es besteht immer die Gefahr, daß Stroh Flöhe beherbergt, unter normalen Umständen ist die Wahrscheinlichkeit aber nicht groß. Unbedingt muß man Strohvorräte trocken und sauber halten, Ungeziefer – aber auch Katzen – sollten ferngehalten werden. Die Stroheinstreu muß immer dann gewechselt werden, wenn sie niedergelegen ist, schmutzig wird; altes Stroh kann man im Garten ausstreuen, kompostieren oder verbrennen.

Auch Papierschnitzel haben sich als Einstreu bewährt, allerdings nur, wenn sie weich und sauber sind. Sie lassen sich nach Gebrauch leicht verbrennen, fliegen aber im Gegensatz zu Stroh überall herum, werden nicht zusammengelegen und lassen sich im Garten nicht kompostieren, da sie nicht vergehen. Das wichtigste aber ist immer, daß der Dobermann warm und

Oben: *Schlafkiste für den Außenzwinger, zur bequemen Reinigung aus Holz gebaut. Das vordere Einschubbrett hält die Stroheinstreu zurück.*

trocken gehalten wird. Dies stellt nicht nur sicher, daß er sich wohlfühlt, es reduziert auch die Möglichkeit einer Erkrankung. Er braucht dann nicht alle seine Energie, nur um sich warm zu halten.

Der Boden

Sägemehl ist ideal als Einstreu auf dem Zwingerboden, hält diesen trocken. Es ist leicht und billig erhältlich, zuweilen bekommt man es geschenkt. Das verschmutzte Sägemehl wird regelmäßig ausgekehrt, läßt sich gut kompostieren, verbrennen oder wird in Säcken entsorgt (Müll).

Tägliche Reinigung des Zwingers mit Wasser und Desinfektionsmitteln ist nicht empfehlenswert, hierdurch wird der Zwinger zu feucht. Viel besser ist es, den Zwinger nur wenn nötig auszuwischen, vorzugsweise während der warmen Sommermonate. Zur Reinigung benutzt man immer heißes Wasser, setzt diesem ein Spülmittel, Waschsoda und etwas Desinfektionsmittel zu. Dies gibt eine ideale Reinigungsbrühe, denn das Spülmittel löst Fett und Schmutz, das Soda tötet die meisten, wenn nicht alle Keime. Es gibt eine Anzahl von Desinfektionsmitteln auf dem Markt, von denen behauptet wird, sie töteten alle Keime einschließlich Parvovirus; es gibt keinen Grund, warum man ein solches Mittel nicht einsetzen sollte, wenn man sich vor solchen Erkrankungen wirklich schützen möchte.

Natürlich muß die Holzkiste gleichfalls gereinigt werden, hierfür benutzt man eine normale Wurzelbürste; die eingelegten Decken müssen regelmäßig gewaschen werden. Man achte darauf, daß Lager und Einstreu völlig trocken sind, ehe sie erneut vom Hund benutzt werden.

AUSLAUF

Solange er noch im Welpenalter ist, braucht der Dobermann nicht viel gezielten Auslauf – er findet alles, was er braucht, indem er rund ums Haus läuft, im Garten spielt. Bei kaltem Wetter darf man ihn nicht zu lange draußen lassen, es ist sehr wichtig, ihn warm und trocken zu halten, wenn er gesund bleiben soll. Auch wenn der Junghund groß und stark erscheint, ist er in Wirklichkeit noch immer ein sehr empfindliches Tier, das sorgfältige Überwachung braucht.

Dobermänner hassen den Regen, bei nassem Wetter fordern sie meist recht schnell Rückkehr ins Haus, schon kurz nachdem sie herausgelassen wurden. Man sollte sie nicht länger als notwendig im Regen draußen lassen, denn das feine, kurze Fell läßt den Hund sehr schnell bis auf die Haut naß werden. Wird er naß, trocknet man ihn mit einem alten Tuch oder zerknüllten alten Zeitungen ab.

Zusätzlicher Auslauf ist nicht vor einem Alter von vier Monaten notwendig, sollte auch bis zum Alter von acht Monaten noch beschränkt werden. Man sollte nie versuchen, zu weit zu gehen – wenig und oft ist die beste Methode. Gerade im Alter zwischen vier und acht Monaten sind die Knochen des Dobermanns noch weitgehend im Knorpelstadium. Mit dem Heranwachsen des Jungtieres wird der Knorpel zum Knochen, und bis diese Verknöcherung eintritt, kann zuviel Bewegung dazu führen, daß sich die Vorderläufe krümmen, die Pfoten weich werden.

Fitness

Ist der Junghund erst einmal acht Monate alt, kann man ziemlich unbesorgt die Bewegung steigern. So wichtig dies ist, so unsinnig ist die Meinung, ein Dobermann brauche tagtäglich Auslauf über viele Meilen. Ein Dobermann hält sich schon durch relativ kleine Ausläufe fit, der Hauptvorteil intensiverer Bewegung liegt darin, daß er dabei neues Territorium erforscht, laufend erschnüffelt und erlebt, was sich in diesen neuen Gebieten bewegt.

Dem Hund größeren Auslauf zu geben ist in erster Linie eine psychologische Notwendigkeit, geistiges Training, weniger körperliche Notwendigkeit. Natürlich sind die Spaziergänge auch für den Menschen von gleichem Vorteil!

Im Idealfall sollte der Auslauf etwa zur Hälfte aus angeleintem, forschen Spaziergang auf der Straße und zur Hälfte aus freiem Auslauf bestehen. Gerade die Bewegung auf der Straße härtet die Muskeln, stärkt den Körper und gibt dem Hund sein trockenes, kraftvolles, muskulöses Aussehen, ein so wichtiger Teil der äußeren Erscheinung eines Dobermanns!

Die Bewegung muß stets im Einklang mit der Fütterung stehen – zuviel Bewegung führt zu einem Hund, der superfit ist, aber gleichzeitig dünn. Der Dobermann sollte immer gute Substanz haben, sicherlich sollte man seine Knochen nicht sehen können. Ein Hund, der in Haus und Garten unbeschränkte Freiheit genießt, morgens und abends eine halbe Stunde Auslauf findet, dürfte immer in guter Verfassung sein. Man sollte immer vor der Mahlzeit, nicht danach den Hund ausführen; mit vollem Magen ist es gefährlich, ihn wild herumtoben zu lassen; dies kann zuweilen zu der gefährlichen Magendrehung führen.

Aggressionen

Ist ein Dobermann ungefähr zehn Monate alt, erkennt man sein eigenes Wesen. Fremde Hunde, die sich ihm gegenüber angriffslustig zeigen, erfahren aller Wahrscheinlichkeit nach eine harte Antwort. Man muß sich bewußt sein, daß ein Dobermann – insbesondere ein Rüde – leicht mit anderen Rüden, gleich welcher Rasse, ins Raufen gerät. Solche Raufereien können sehr unangenehm werden, sind schwer zu stoppen. In aller Regel führt es auch zu Verletzungen für den eigenen wie den

Unten: *Freier Auslauf auf eigenem Gelände reicht im allgemeinen aus, um den Dobermann fit zu halten, ihm die notwendige Bewegung zu geben.*

fremden Hund. Die Folgerung ist ganz einfach, man sollte den eigenen Hund nicht ableinen, ehe man die Gewißheit hat, daß man es unbesorgt tun kann. Man sollte ihn überhaupt nicht ableinen, ehe man völlig sicher ist, daß er gelernt hat, auf Anruf bedingungslos zu kommen, sich zu setzen oder zu legen. Auf diese Art gewinnt man exakte Kontrolle über den eigenen Hund.

Knochen und Steine

Ein frisches Rinderbein ist ein vorzügliches Mittel, einen Junghund beschäftigt zu halten, ihm im Zahnwechsel ausreichend Kaumöglichkeit zu geben. Hiervon abgesehen, also mit Ausnahme von Junghunden, sollte man dem Hund nie Knochen zum Kauen geben. Ein erwachsener Dobermann hat außerordentlich kräftige Kiefer, kann in relativ kurzer Zeit eine ganze Menge an Knochen zermalmen; und genau dieses ist der Grund, daß viele Dobermänner (und Hunde anderer Rassen) Jahr für Jahr sich Operationen unterziehen müssen oder sogar ihr Leben verlieren. Ein Hund schluckt eine ganze Menge Knochensplitter etwa von einem Markknochen, diese klumpen sich dann im Verdauungstrakt. Es besteht immer die Gefahr, daß solche Knochensplitter den Darm durchbohren, daraus Bauchfellentzündung, möglicherweise auch eine Sepsis entsteht. Will man seinem Hund einen Knochen geben, sollte man sich vergewissern, daß er davon nicht zuviel abkauen kann, ein Unterschenkelknochen ist wahrscheinlich das sicherste. Keinesfalls sollte man seinen Hunden gekochte Knochen geben, sie werden porös, splittern besonders leicht. Besonders gefährlich sind Hühner- und Kaninchenknochen. Möchte man seinem Hund etwas zum Kauen geben, ist ein Knochen aus Büffelhaut sehr viel besser. Man erhält diese in verschiedenen Größen im Zoofachhandel und Supermärkten; von der richtigen Größe und Härte geben sie dem Hund Stunden des Vergnügens, können nicht schaden, weil heruntergeschluckte Stücke verdaut werden können.

Dobermann-Junghunde werden durch Steine geradezu magisch angezogen, tragen sie oft umher und spielen mit ihnen. Dies ist eine dumme Angewohnheit, die man unbedingt verbieten sollte. Stets besteht die Gefahr, daß ein Stein verschluckt wird. Kann er den Verdauungstrakt nicht passieren, wird eine Operation erforderlich.

Kommt einem ein Junghund schlapp und lustlos vor, ohne ersichtlichen Grund, verliert er an Gewicht, frißt er schlecht oder hat kaum Stuhlgang, kann ein verschluckter Stein (oder ein anderer Gegenstand) die Ursache sein. Am besten bittet man den Tierarzt um eine röntgenologische Untersuchung. Außer Steinen findet man eine Vielzahl an Haushaltsgegenständen, Schubladenknöpfe, Nylonkratzer für Töpfe, sie alle können Auslöser sein. Gerade solche Haushaltsgegenstände können den Verdauungstrakt ernsthaft schädigen, zeichnen sich leider auf einer normalen Röntgenaufnahme nicht ab. Die Folgerung ist ganz einfach, alles Gefährliche sollte man aus der Reichweite eines Junghundes entfernen. Es gibt nichts Besseres als einen Dobermann-Junghund im Haus, der seinen Besitzer lehrt, Ordnung zu halten.

SPIELZEUG

Grundsätzlich ist es gut, Junghunden ein Spielzeug zu geben, das sie beschäftigt, manchmal über Stunden, und auch erwachsene Dobermänner haben viel Spaß daran. Keinesfalls darf man aber Hunden Spielzeug geben, das sie herunterschlukken, mit dem sie sich selbst verletzen könnten. Nie sollte man einem Junghund einen alten Schlappen oder Schuh als Spielzeug geben. Hierdurch lernt er nur, Schuhe anzukauen. Er kann aber leider neue Schuhe von alten nicht unterscheiden. Ringe und Bälle aus Vollgummi sind ideal, Bälle müssen aber immer genügend groß sein, daß der Hund sie keinesfalls herunterschlucken oder sie sich im hinteren Kiefer verfangen können. Auch ältere Hunde lieben solches Spielzeug, aber ein erwachsener Dobermann zerkaut einen Vollgummiring schnell in kleine Stücke. Hat man einen zerstörerischen Hund, ist solches Spielzeug nutzlos, nur Geldverschwendung, außerdem könnte der Hund die Gummistücke herunterschlucken.

Dobermänner suchen und finden in aller Regel ihre eigenen Spielsachen, beispielsweise Erdklumpen, Holzstücke, Äste und größere Schlauchstücke. Solche Spielzeuge sind völlig in Ordnung, dennoch muß man aufpassen, daß nichts passiert, etwa daß sich ein Stock im Oberkiefer verklemmt – was gar nicht selten vorkommt.

Spielt man mit einem Jungtier, sollte man dabei den Hund nicht lehren, rauh zu spielen. Man darf ihn keinesfalls zum Beißen ermutigen, keine Scheingefechte abhalten. Man lehrt den Hund, sanft mit Menschen zu spielen, es gibt nichts Schlimmeres als einen ausgewachsenen Dobermann, der harte Kampfspiele liebt.

Spiele beschäftigen nicht nur einen lebhaften, aktiven, halbstarken Dobermann gut, man kann sie auch als Erziehungshilfen einsetzen. Die meisten Grundlagen der Erziehung zum Gehorsam legt man zu Hause mit Hilfe von Spielzeug oder Leckerbissen, ohne daß der Junghund überhaupt bemerkt, daß er erzogen wird.

AUTOKRANKHEIT

Den meisten Junghunden wird es bei der ersten Autofahrt schlecht; müssen sie sich nicht übergeben, speicheln sie stark. In aller Regel wächst der Junghund aus diesem Stadium heraus, man sollte ihn aber unbedingt schon im frühen Alter an das Auto gewöhnen.

Tut man dies nicht, fühlt sich der Hund im Auto immer unwohl. Die einfachste Methode ist, ihn bei kurzen Fahrten mitzunehmen, aber immer mit leerem Magen. Von Fahrt zu Fahrt wächst sein Interesse an allem ringsum, speichelt er weniger. Haben solche Fahrten etwa einen Spaziergang im Park oder den Besuch einer Hundeschule zum Ziel, wird er bald das Autofahren mit Angenehmem verbinden, vergißt hierdurch die Unannehmlichkeit.

Zuweilen hilfreich auf solchen ersten Reisen ist irgendeine Beschäftigung, etwa ein Büffelhautknochen. Ich mag Reisetabletten nicht besonders, sie beseitigen teilweise die Symptome, ohne die Ursache zu kurieren. Viel besser ist es, den Hund auf kleinen Fahrten oft mitzunehmen, ihm eine Menge Zeitungen unterzulegen, die Flüssigkeit aufnehmen, und, wenn notwendig, mit Papiertüchern Verunreinigungen zu beseitigen. Autokrankheit ist eines der wenigen kleinen Probleme, die man einfach mit der Zeit lösen muß.

Hat der Hund sich erst einmal an das Autofahren gewöhnt, hat er in aller Regel viel Freude daran. Für ihn ist dies bald Teil seines eigenen Heimes, das er instinktiv auch schützt – und natürlich alles darin auch. Es müßte schon ein sehr tapferer Mann – oder ein sehr törichter – sein, der ein Auto mit einem erwachsenen Dobermann darin aufbrechen würde. Trotzdem muß man natürlich gerade bei Jungtieren besonders vorsichtig sein; es sollte sich schon herumgesprochen haben, daß auch Dobermann-Jungtiere schon aus Autos gestohlen wurden.

Unten: *Man kann die natürliche Schönheit des Dobermannfells durch Fellpflege verstärken, verwendet dazu eine weiche Bürste oder einen Spezialhandschuh.*

FELLPFLEGE

Ein gesunder Dobermann, mit der richtigen Nahrung gefüttert, zeigt das für die Rasse so typische glatte, glänzende Fell. Diese Fellqualität entsteht nicht durch Fellpflege allein, sie wird aber durch richtige Pflege verstärkt. Grundsätzlich bedarf es für diese Hunderasse nur minimaler Fellpflege. Hierzu verwendet man entweder eine weiche Bürste oder einen Pflegehandschuh und bürstet das Fell mit dem Strich entsprechend seiner natürlichen Lage, das heißt vom Kopf in Richtung auf die Rute. Fast alle Hunde lieben diese Pflege. Wie die meisten Hunderassen wechseln auch Dobermänner zweimal jährlich das Fell, nur selten sieht man ausgefallene Haare, denn sie haben eine sehr feine Struktur. Empfohlen wird zweimal wöchentlich ein Bürsten des Dobermanns über ein paar Minuten. Andere Fellpflege wie Trimmen oder Ausrupfen von Haaren gibt es bei dieser Rasse nicht. Im allgemeinen besteht auch keinerlei Notwendigkeit für ein zusätzliches Pflegemittel, es wird allerdings häufig in Vorbereitung auf den Ausstellungsring angewandt. Möchte man ein zusätzliches Fellpflegemittel verwenden, kann man flüssiges Paraffin oder jedes renommierte Haarpflegemittel verwenden. Dieses wird ins Fell einmassiert, wobei man wiederum mit dem Strich arbeitet.

DAS BADEN

Unter normalen Umständen braucht der Dobermann nur ab und zu ein Bad, meist nur einmal jährlich. Häufigeres Baden ist überflüssig, hierdurch wird nur das natürliche Hautfett entfernt, zurück bleibt ein trockenes, hartes Fell. Muß man den Hund baden, wählt man am besten warmes, sonniges Wetter, so daß das Fell schnell wieder trocknet. Bei kaltem Wetter kann man einen Fön verwenden; die meisten Dobermänner muß man hieran erst gewöhnen, von Natur aus mögen sie diesen nicht.

Hunde sollte man stets in warmem, flachem Wasser baden, etwa 30 cm tief. Einen Hund in das Bad zu bringen, kann manchmal zum Problem werden, am leichtesten ist es, ihn neben der Wanne aufzustellen, zuerst das Hinterteil hineinzuheben, dann das Vorderteil. Man sollte den Hund immer im Stehen waschen, ein gutes Hundeshampoo verwenden, das, in einem Gefäß mit Wasser gelöst, dann vorsichtig über das Fell geschüttet und mit der Hand einmassiert wird. Mit demselben Gefäß kann man das Badewasser über das Fell schütten, die Seife herauswaschen. Man muß sehr sorgfältig vorgehen, keinesfalls darf Seife oder Shampoo in die Augen kommen.

Unten: *Am besten pflegt man einen Dobermann mit den gezeigten Hilfsmitteln: Nagelzange, Zahnschaber, weiche Bürste, Wolle und Methylalkohol.*

DIE AUGEN

Etwas grauer Schleim, der sich im Augenwinkel sammelt, ist völlig normal. Zum Reinigen verwendet man ein kleines Wattebäuschchen; man hält den Hundekopf freundlich mit der einen Hand, wischt den Schleim vom Auge weg, nicht darüber. Dies sollte man jeden Morgen tun, auch sonst, wann immer es notwendig ist; es gehört zu der Routinepflege, die man schnell beherrscht, die der Hund geduldig akzeptiert.

Wird der Schleim dick und von gelbgrüner Farbe, zeigt dies eine Infektion an. Man bittet seinen Tierarzt um Augensalbe, drückt hiervon eine kleine Menge in das befallene Auge. Dies sollte die Infektion sehr schnell beseitigen. Zeigt aber der Hund Anzeichen von Schmerzen oder ist man über seine allgemeine Gesundheit besorgt, sollte man ihn unbedingt zum Tierarzt bringen.

OHREN

Hundeohren müssen in regelmäßigen Abständen geprüft werden. Dabei ist es völlig normal, daß sich eine schwarze, wachsige Substanz abgelagert hat; wird diese jedoch nicht entfernt, kann dies zu Juckreiz oder Infektion führen. Man sollte alle 14 Tage sehr vorsichtig die Ohren reinigen, dabei sorgfältig darauf achten, den Hund nicht zu verletzten, denn dies ist ein sehr empfindlicher Bereich. Man braucht gutes Licht, so daß man sieht, was man wirklich tut. Am besten reinigt man mit einem Wattestäbchen. Das Stäbchen drückt man in Methylalkohol, preßt es zwischen den Fingern aus, um überflüssige Flüssigkeit zurückzugeben, reinigt dann sorgfältig das mit dem Auge sichtbare Ohrinnere. Der Methylalkohol löst das Wachs, so daß es dann leicht mit dem Wattestäbchen entfernt werden kann. Es ist überhaupt keine gute Idee, für die Reinigung Wasser zu gebrauchen, denn zwangsläufig bleibt etwas Wasser im Ohr, kann Probleme auslösen. Man sollte auch ölige Substanzen bei der Reinigung meiden, weil alle im Ohr bleibenden Reste sich als Nährboden auswirken können und das Wachstum von Ohrmilben fördern.

Ist das Ohrinnere rot, erscheint es wund, sollte man sich beim Tierarzt Ohrentropfen besorgen. Man drückt eine kleine Menge ins Ohr und verteilt die Flüssigkeit vorsichtig auf der Innenseite. Beim Reinigen der Ohren kann man auf Ohrmilben treffen, diese sehen auf dem Wattestäbchen wie feine, sandartige Körner aus, verbunden mit einem unangenehmen Ohrgeruch.

Der Methylalkohol hilft bei der Bekämpfung von Ohrmilben, ebenso das vom Tierarzt besorgte Medikament. Man sollte Ohrmilben so früh wie möglich bekämpfen, sie können zu starkem Juckreiz führen, möglicherweise sogar zur dauernden Schädigung des Ohres. Kratzt ein Hund immer wieder an den Ohren, muß man prüfen, ob Ohrmilben die Ursache sind.

ZÄHNE

Man sollte regelmäßig die Zähne des Hundes reinigen, um das Risiko von Zahnverfall und Zahnfleischproblemen zu reduzieren. Damit beginnt man am besten schon beim Welpen, so daß er lernt, sich dies gefallen zu lassen. Sicherlich hat er daran keinen Spaß, deshalb muß man alle Überredungskünste einsetzen, gleichzeitig versuchen, ihn nicht zu sehr zu erregen.

Zur Reinigung gehört die Beseitigung gelber Verfärbungen der Zähne, das erfolgt am besten mit einem Wattestäbchen, das in eine Lösung von Sodium Bicarbonat eingetaucht wird. Ist die Verfärbung besonders stark, was bei älteren Hunden auftritt, deren Zähne vernachlässigt wurden, braucht man möglicherweise ein stärkeres Mittel. Zahnpasta für starke Raucher hat

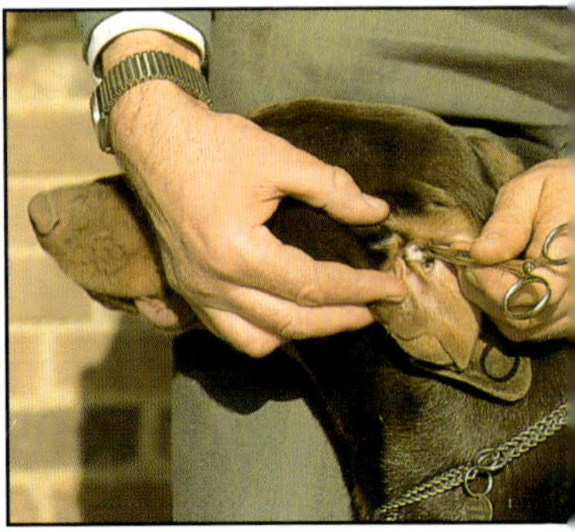

Rechts: *Ohren sollten regelmäßig gereinigt werden. Der Tierarzt hat ein in Methylalkohol getauchtes Wattestück an einer Arterienklammer befestigt, reinigt damit das Ohr.*

sich hier sehr bewährt. Viele Dobermänner entwickeln geradezu eine Vorliebe für Pfefferminzzahnpasta, es könnte sich lohnen, mit dieser die ersten Versuche zu machen.

Man muß auch Zahnsteinbildung auf den Zähnen entfernen. Dies ist eine harte Kalkablagerung, die sich insbesondere an den Molaren aufbaut. Ursächlich hierfür ist die Sekretion der Speicheldrüsen. Am besten bewährt sich hier ein Zahnschaber, notfalls reicht aber auch die abgerundete Seite einer Nagelfeile. Gleich womit, man muß bei dieser Behandlung sehr vorsichtig sein, zuweilen berdarf es starken Drucks, um den Zahnstein von den Zähnen zu trennen. Bei dieser Arbeit führt man den Schaber immer vom Zahnfleisch weg, sodaß man dieses keinesfalls verletzt.

Zahnsteinentfernung überlassen die Hundebesitzer meist Experten, also dem Tierarzt oder gewerblichen Hundepflegesalons. Selbstmachen ist jedoch nicht schwer, man sollte es eben lernen.

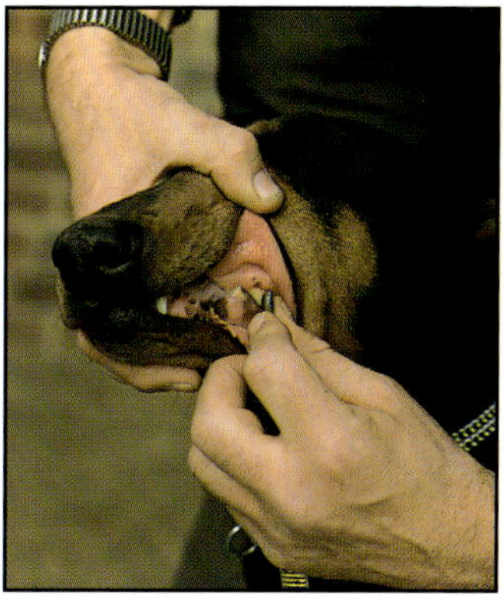

Oben: *Man darf das Entstehen von Zahnstein nicht hinnehmen, benutzt regelmäßig, aber sehr vorsichtig, einen Metallschaber, der die Zähne sauber hält.*

NÄGEL

Die Hundenägel müssen kurz gehalten werden, um Schmerz, möglichen Schaden an den Pfoten zu vermeiden. Hat ein Dobermann gute Pfoten, bleiben dadurch die Nägel relativ kurz, brauchen kaum oder überhaupt keine Pflege. Aber bei vielen Hunden ist regelmäßiges Nägelschneiden erforderlich. Man schneidet sie mit einer Nagelzange, meist Typ Guillotine, zurück. Dabei muß man genau ermitteln, wie weit das „Leben" reicht – es ist wesentlich besser, Vorsicht walten zu lassen, eher weniger abzunehmen als das Risiko zu laufen, ins „Leben" zu schneiden, was den Hund verletzt und sein Vertrauen zu seinem Herrn schmälert. Schneidet man dennoch versehentlich ins „Leben", kann die Blutung durch Pottasche oder einen blutstillenden Stift gestoppt werden. Benutzt man eine Nagelschere, sollten die Nägel auf beiden Seiten vor dem Schneiden eingekerbt werden, sonst besteht die Gefahr, wenn man das Ganze in einem Schnitt versucht, daß der Nagel aufsplittert. Viele finden es leichter, das Nagelende abzuzwicken und dann mit einer groben Holzfeile das Horn zurückzufeilen.

Nur wenige Hunde lassen sich gerne die Nägel schneiden, viele leisten aktiven Widerstand. Man muß sie deshalb von früher Jugend an daran gewöhnen. Fühlt man sich in dieser Aufgabe unsicher, sollte man beim Tierarzt, einem Pflegesalon oder erfahrenen Züchter Hilfe erbitten.

DER RÜDE

Junghunde werden sich im allgemeinen ihrer Sexualität etwa mit neun Monaten bewußt. Dies ist ein ganz normaler Entwicklungsprozeß und wird selten in solchen Zwingern zum Problem, wo der junge Rüde mit einer älteren Hündin gemeinsam läuft, die ihn dann recht schnell zurechtweist. Auch bei im Haus gehaltenen Jünglingen bieten solche sexuellen Versuche kein ernsthaftes Problem, manchmal setzen die Hunde einen dennoch in Verlegenheit. Nie sollte man eine Staatsaktion daraus machen, das feste einfache Kommando „Nein!" sollte das Problem lösen. Schnell lernt der Junghund, daß solche „Experimente" nicht erlaubt sind. Allerdings muß man vermeiden, Junghunde hier zu sehr unter Druck zu setzen, wenn man plant, sie zukünftig als Deckrüden einzusetzen.

Bedauerlicherweise plädieren einige Tierärzte für die Sterilisation als Heilmittel gegen sexuelle Spiele. Sterilisation beseitigt zwar die Fähigkeit der Zeugung, es verändert aber nur bedingt sexuellen Drang, ja nicht einmal die Fähigkeit, eine Hündin zu decken. Als Heilmittel gegen Aggressivität eines ausgewachsenen Hundes wird oft auch Kastration empfohlen, aber ein seiner Natur nach aggressiver Hund wird nach der Kastration genauso aggressiv sein wie zuvor. Kastration junger Hunde ist falsch, denn die Sexualhormone sind ein wesentlicher Teil des Wachstumsprozesses. Selbst beim ausgewachsenen Rüden sollte man ohne sehr triftige Gründe keine Kastration durchführen, keinesfalls aber vor einem Alter von zwei Jahren.

Monorchiden

Einen einhodigen Rüden nennt man allgemein Monorchiden. Wissenschaftlich gesehen ist diese Bezeichnung falsch, denn die meisten dieser Hunde sind tatsächlich einseitige Cryptorchiden, dabei ist ein Hoden im Bauchbereich hängengeblieben, anstatt – wie er sollte – in den Hodensack abzusteigen. Solche hängengebliebene Hoden werden manchmal von Krebs befallen, häufig wird chirurgische Entfernung empfohlen, aber dies sollte nicht vor völligem Ausreifen des Hundes erfolgen.

Im Alter von etwa vier Monaten kann man durch Injektion von Testosteronen versuchen, einen hängengebliebenen Hoden herunterzubringen, im allgemeinen aber mit wenig Erfolg. Auf jeden Fall sollte man den Einsatz von Hormonen so weit als möglich vermeiden, denn sie haben unerwünschte Nebeneffekte. Da es sich um einen Erbfehler handelt, sollte man einen Monorchiden als Zuchtrüden meiden. Manchmal verbleiben beide Hoden in der Bauchhöhle. Einen solchen Rüden nennt man beidseitigen Cryptorchiden, diese Hunde sind unfruchtbar.

DIE HÜNDIN

Die meisten Hündinnen kommen zweimal jährlich in Hitze, meist in Intervallen von etwa sechs Monaten (vergleiche Teil II, Seite 86). Man sollte die Daten, zu denen die Hitze auftritt, aufschreiben, so daß man immer ungefähr berechnen kann, wann die nächste Hitze fällig ist.

Eine heiße Hündin muß stets von Rüden sorgfältig abgeschirmt werden, um unerwünschte Welpen auszuschließen; dies kann sogar bis zur Beschränkung der täglichen Bewegung gehen. Man muß sich auch darüber im klaren sein, daß die Hündin versucht auszubrechen, selbst einen Rüden zu finden, deshalb muß man sie in dieser Zeit sorgfältig überwachen.

Zu Beginn der Hitze tritt häufig auch eine Wesensveränderung ein. Jungtiere werden nervös und launisch, dies verliert sich im allgemeinen wieder, wenn die Hitze vorbei ist. Ältere Hündinnen werden zuweilen außerordentlich erregt, nicht selten versuchen sie, andere Hündinnen zu besteigen. Dies ist in keiner Weise schädlich, solange die zweite Hündin es mit Toleranz hinnimmt; wenn notwendig, muß der Besitzer eingreifen.

Vor einem Alter von zwei Jahren sollte man von keiner Hündin züchten. Sie ist zwar schon sehr viel früher körperlich in der Lage, Welpen zu empfangen, im allgemeinen aber körperlich oder geistig noch nicht genügend gereift. Wird sie dennoch gedeckt, wird ihre weitere volle körperliche Entwicklung unterbunden, sie hat oft noch nicht genügend Reife und körperliche Entwicklung, um Welpen wirklich großzuziehen und zu ernähren.

Eine weitere Faustregel ist: wenn eine Hündin einen Wurf aufgezogen hat, sollte sie bei der nächsten Hitze nicht gedeckt werden. Ausnahmen begründeten möglicherweise ein kleiner Wurf, also drei Welpen oder weniger, oder wenn alle Welpen bei der Geburt sterben. Grundsätzlich aber ist ein Zeitabstand von zumindest einem Jahr zwischen aufeinander folgenden Würfen die Voraussetzung, daß die Hündin wieder in erstklassige Kondition kommt.

Keine Hündin, die das siebte Lebensjahr erreicht hat, sollte nochmals gedeckt werden, in diesem Alter kann es echte Geburtsprobleme geben. Aus dem gleichen Grunde ist es unvernünftig, von einer Erstlingshündin nach dem fünften Lebensjahr zu züchten.

Völlig unabhängig von Alter und vorangegangenen Zuchtergebnissen sollte man von keiner Hündin züchten, die sich nicht in erstklassiger körperlicher Kondition befindet. Viele Zuchthündinnen werden etwa mit sechs Jahren fett und schwammig, auch mit ihnen sollte man nicht mehr züchten, denn gerade der Mangel an Muskulatur könnte wiederum zu Geburtsproblemen führen.

Grundsätzlich sollte man Abstand nehmen von Hormonspritzen zur Unterbindung der Hitze einer Hündin. Diese Methode ist zwar in der Theorie ideal, in der Praxis wird aber der normale Sexualzyklus unterbrochen, die Hündin kommt dann danach zu Zeiten in Hitze, die sich überhaupt nicht voraussehen lassen. Hinzu kommt häufig der unerwünschte Nebeneffekt, daß in den folgenden Hitzen die Hündin überhaupt nicht aufnimmt. Als Allgemeinregel sollte man jegliche Hormonbehandlung meiden, es sei denn, sie wäre absolut notwendig.

Scheinschwangerschaft

Die Mehrheit der Dobermann-Hündinnen hat nach jeder Hitze eine Scheinschwangerschaft. Das ist darauf zurückzuführen, daß der Progesteronspiegel bei diesen Hündinnen übernormal ist, auch wenn sie nicht gedeckt wurden. Im allgemeinen sind die Symptome gering, meist tritt nur ein Anschwellen der Zitzen, leichte Milchbildung und Ansetzen von Gewicht auf. Ihren Gipfel erreicht diese Entwicklung neun Wochen nach der Hitze, zu der Zeit, in der die Hündin nach erfolgter Paarung geworfen hätte. Das beste Mittel gegen dieses Spezialproblem ist, überhaupt nichts zu tun, der Natur die Lösung zu überlassen. Hilfreich sind Reduzierung der Flüssigkeitseinnahme, Verringerung des Kohlehydratanteils der Nahrung und vermehrte Bewegung.

Das Auftreten von Scheinschwangerschaft bedeutet in keiner Weise, eine Hündin wünsche sich oder brauche Welpen, sie kann auch nicht dadurch unterbunden werden, daß man die Hündin einen Wurf gebären läßt – in der nächsten Hitze tritt mit größter Wahrscheinlichkeit erneut Scheinschwangerschaft auf. Zuweilen löst Scheinschwangerschaft auch seelische Probleme aus, die Hündin sammelt Spielzeug als Welpenersatz in ihrem Lager und baut ein Nest. Solche Symptome sollte man in keiner Weise fördern, vielmehr ignorieren, auch hier löst die Natur ganz von alleine das Problem. Nur wenn das Ausmaß der Scheinschwangerschaft immer wieder zu beträchtlichen Störungen für den gesamten Haushalt führt, sollte man überlegen, die Hündin kastrieren zu lassen.

Wird eine Hündin tatsächlich gedeckt, zeigt alle erwarteten Anzeichen der Geburt eines Wurfes und ist leergeblieben, nennt man dies „Phantomschwangerschaft“. Im Grundsatz ist diese mit der Scheinschwangerschaft identisch.

Kastration

Muß man aufgrund der allgemeinen Haltungsverhältnisse eine Hündin kastrieren lassen, sollte man dies keinesfalls vor einem Alter von 18 Monaten tun. Wie Rüden brauchen auch Hündinnen die Sexualhormone zu ihrer normalen Entwicklung. Am besten läßt man eine Hündin etwa in der Mitte zwischen zwei Hitzen kastrieren, zu dieser Zeit ist die Durchblutung der

Unten: *Ehe man mit einer Hündin züchtet, muß man sich vergewissern, daß sie völlig ausgereift und in bester Verfassung ist.*

Geschlechtsorgane am geringsten. Bei kastrierten Hündinnen tritt manchmal ein laufender Flüssigkeitsaustritt aus der Scheide auf. Dieses Problem läßt sich nicht leicht lösen, ist die negative Kehrseite der Kastration. Zuweilen ist es auch ziemlich schwierig, dafür zu sorgen, daß eine kastrierte Hündin nicht fettleibig wird.

VETERANEN

Mit acht Jahren kommt ein Dobermann offiziell in die Veteranenklasse. Es gibt überhaupt nichts Magisches an dieser Zahl, aber man sollte sich bewußt werden, daß man jetzt eben einen älteren Hund besitzt. Die Lebenserwartung von Dobermännern liegt im allgemeinen zwischen acht und zwölf Jahren, zehn Jahre sind ein guter Durchschnittswert. Es gibt eine Reihe von Möglichkeiten, mit denen man versuchen kann, seine Chancen für ein längeres Leben zu verbessern.

Mit zunehmendem Alter setzen Hündinnen im allgemeinen Gewicht an, Rüden dagegen erhalten ihre Figur viel besser, bleiben auch im Alter topfit. Ein alter Hund kann den Anschein erwecken, er sei gesund und jederzeit zu unbegrenzter Bewegung fähig. Wir müssen hier für ihn denken und nur noch kontrollierte, leicht eingeschränkte Bewegung erlauben, um dadurch die Herzbelastung zu mindern. Dies ist besonders für Rüden wichtig, die oft trotz äußerem Anschein völliger Gesundheit an Herzfehlern leiden.

Keinesfalls darf man überfüttern, erforderlichenfalls muß man die Futtermenge reduzieren, um zuviel Gewichtszunahme zu unterbinden. Fettleibigkeit ist meistens das Resultat zu geringer Bewegung und bewirkt eine Zusatzbelastung des Herzens.

Ältere Hunde haben oft Schwierigkeiten, eine große Mahlzeit täglich richtig zu verdauen. Dies zeigt sich, wenn der Hund nach dem Fressen aufgedunsen erscheint, sich unbehaglich fühlt, auch nicht alles auffrißt, zuweilen auch Fressen auswürgt. Einem solchen Hund kann man dadurch helfen, daß man sein Futter auf zwei Mahlzeiten aufteilt, eine am Morgen, die andere am Abend, hierdurch wird der Druck auf den Magen und die Gefahr der Magenumkehrung reduziert. Auch das Trinken großer Wassermengen führt zuweilen bis zu einer Magenumdrehung, hier muß man aufpassen, die Flüssigkeitsaufnahme kontrollieren. Trinken abnorm großer Wassermengen kann eine Folge von Diabetes oder Nierenerkrankungen sein, man sollte unbedingt beim Tierarzt einen Urintest durchführen lassen.

Hündinnen entwickeln öfter Gebärmuttertumore oder an ihrer Unterseite andere Knoten. Wachsen diese schnell oder verursachen Probleme, kann es ratsam sein, diese chirurgisch entfernen zu lassen; in der Regel sind sie gutartig, wachsen relativ langsam, diese sollte man sich selbst überlassen. Werden sie entfernt, scheinen sich andere sehr schnell zu entwickeln, die Narkose und auch der Schock der Operation ist für ältere Hündinnen immer ein Risiko. Auf jeden Fall ist es oft vernünftiger zu akzeptieren, daß solche Tumore einmal zum Ende des Lebens der Hündin führen als sie den Schmerzen und Risiken einer Operation auszusetzen, die das Leben kaum verändert.

Ältere Hunde verlieren zuweilen vollkommen die Kontrolle über Darm und Blase. Im allgemeinen ist dies ein sich progressiv steigerndes Problem, führt für Hund wie Besitzer zu sehr viel Schwierigkeiten. Man kann wenig dagegen tun, es ist Teil des Alterungsprozesses, nur in bestimmtem Umfange läßt es sich dadurch mildern, daß man den Hund häufig veranlaßt, nach draußen zu gehen und sich zu lösen.

Einige Hunde verlieren die Koordination ihrer Hinterläufe. Dies fängt im allgemeinen mit ganz leichten Störungen an, kann sich aber progressiv verschlechtern, bis in Extremfällen der Hund überhaupt nicht mehr ohne Hilfe aufstehen kann. Hierbei handelt es sich einfach um einen mit dem Alter verbundenen Verfallsprozeß, der nicht mit einer Krankheit verwechselt werden sollte.

Auch andere Sinne, insbesondere das Hör- und Sehvermögen, lassen im Alter nach. Der Verlust des Gehörs macht nicht zu viele Probleme, man sollte aber jede Annäherung an den Hund, die er nicht sieht, vermeiden, um ihn nicht aufzuschrecken. Auch der Verlust des Sehvermögens scheint Hunde nur selten zu berühren, sie passen sich bemerkenswert gut an. Man achte darauf, daß keine ungewöhnlichen Gegenstände auf dem Boden herumliegen und versuche, die dem Hund bekannte räumliche Umgebung unverändert zu lassen. Er verläßt sich jetzt mehr auf sein Gedächtnis als auf sein Sehvermögen.

Ältere Hunde sind kälteempfindlicher, man sollte ihre Umgebung wenn möglich wärmer halten. Meist schlafen sie auch mehr als in ihrer Jugend, man sollte ihnen ihre Ruhe lassen.

Oben: *Schon wenn man einen Welpen kauft, muß man wissen, daß dieser eines Tages zum Veteranen wird, dann zusätzliche Fürsorge braucht.*

Meist kommt der Tag, der die schwere Entscheidung fordert, ob es richtig ist, den Hund am Leben zu halten oder gütiger ihm gegenüber, ihn schmerzlos einschläfern zu lassen. Diese Entscheidung braucht ein klares, ausgewogenes Urteil. Nie sollte man mit unziemlicher Hast handeln, ihn in einer Zeit im Stich lassen, da er in seinen letzten Tagen den Menschen am meisten braucht, ganz einfach, weil er alt ist, verbraucht und seine Sinne schwinden. Man sollte ihm sein Leben erhalten, solange er noch zu fressen vermag, spazierengeht und auch noch Freude am Leben hat. Nur wenn er eindeutig ständig unter Schmerzen steht, kein erträgliches normales Leben führen kann, sollte man ihm erlauben, in Frieden und mit Würde zu sterben. Ein vernünftiger Tierarzt ist dabei eine große Hilfe, der Hund wird tatsächlich schmerzlos eingeschläfert.

Das beste, was man tun kann, um den Schmerz über den Verlust seines Dobermanns zu überwinden – gleich wie alt er geworden ist – ist der Kauf eines neuen Hundes, sobald als möglich. Natürlich kann der neue Hund den alten nicht ersetzen, aber immer eine große Lücke füllen.

Kapitel vier

GESUNDHEITS-FÜRSORGE

Von Natur aus ist der Dobermann ein sehr gesunder und leistungsfähiger Hund. Wie bei allen Tieren jedoch gibt es auch Zeiten der Krankheit, braucht der Hund Behandlung. Der Hundebesitzer muß zu unterscheiden lernen zwischen Routineproblemen, die man selbst zu Hause behandeln kann, und ernsthaften Erkrankungen, welche tierärztliche Hilfe erfordern. In erster Linie ist dies eine Frage des gesunden Menschenverstandes und der Erfahrung. Hat man Zweifel, ist es immer vernünftig, vorsichtig zu sein, den Hund zum Tierarzt zu bringen. Dies gewährleistet, daß so schnell wie möglich die richtige Behandlung eingeleitet werden kann.

SPEZIELLE RASSEPROBLEME

In den folgenden Abschnitten habe ich einige Erkrankungen beschrieben, die häufiger auftreten, weil der Dobermann hier gesundheitliche Schwächen aufweist. Natürlich gibt es bei allen Hunden weitere Gesundheitsprobleme, im Zweifelsfall sollte man sich mit seinem Tierarzt beraten.

Hüftgelenksdisplasie (HD)

Im Hüftbereich gibt es einen Gelenkkopf und die Beckenpfanne. Dabei paßt der Oberschenkel (Femurkopf) genau in die Beckenpfanne (acetabulum). Bei von HD befallenen Hunden paßt dieser Oberschenkelkopf nicht genau in die Pfanne, außerdem gibt es Verformungen. Diese Erkrankung geht auf eine Vielfalt von Ursachen zurück, Umweltfaktoren spielen eine große Rolle, aber auch erbliche Veranlagung ist eine der Ursachen. HD kann bei befallenen Hunden Schmerzen und Lahmheit auslösen, der Grad ist abhängig von dem Grad der Erkrankung.

Beim Dobermann ist HD keine besonders verbreitete Krankheit, aber sie tritt auf. Der genaue Zustand des Hüftgelenks kann nur durch den Experten anhand einer Röntgenaufnahme festgestellt werden. Verantwortungsbewußte Zuchtverbände verlangen vor jeder Zuchtverwendung eines Hundes eine entsprechende Röntgenaufnahme mit orthopädischer Auswertung. Kein Hund mit ins Gewicht fallenden Abweichungen vom Normalen sollte für die Zucht verwendet werden, obgleich diese Hunde im übrigen durchaus ein völlig normales Leben führen können. Nur bei schwerer HD-Erkrankung ist die Bewegung aus der Hinterhand schwach, kann die Beweglichkeit, insbesondere das Sprungvermögen, stark eingeschränkt sein. Dies tritt bei der Rasse Dobermann glücklicherweise nicht häufig auf.

Es gibt eine Theorie, danach kann man die Gefahr einer HD-Erkrankung seines Hundes dadurch kleiner halten, daß man ihn als Junghund nie stark bewegt. Solange die Knochen weich und knorpelig sind, können sie leicht geschädigt werden. Erst im Alter von neun Monaten sind die Knochen so weit gehärtet, daß sie uneingeschränkte Bewegung erlauben. Es gibt auch eine unbestätigte Theorie, danach kann HD durch Überfütterung heranwachsender Junghunde gefördert werden, insbesondere Fütterung mit hohem Proteingehalt oder besonders nährstoffreichen Futtermitteln. Dadurch entwickeln sich die Knorpel falsch, und dies wiederum kann bei der Umwandlung vom Knorpel zum Knochen Probleme auslösen. Niemals sollte man bei einem Junghund Übergewicht hinnehmen.

Halsspondylose (Cervical Spondylopathy CS)

Halsspondylose wird durch Verformung der sieben Halswirbel ausgelöst. Sind diese Wirbel fehlerhaft geformt oder bewegen sie sich zu frei gegeneinander, gerät das Rückenmark, das durch die Wirbelsäule verläuft, unter Druck. Hierdurch wird die Bewegungsfähigkeit des Hundes eingeschränkt. Dazu können die Bandscheiben zwischen den Wirbeln betroffen werden, und ihre Verformung drückt in den Wirbelkanal und schafft zusätzlichen Druck auf das Rückenmark.

Forschungen haben ergeben, daß das Problem in der Regel von den unteren Halswirbeln ausgeht, nahezu 80% der geröntgten Dobermänner hatten eine gewisse Abweichung von der Norm. Dennoch ist die Anzahl Dobermänner, die tatsächlich äußere Symptome zeigen, im Verhältnis zur Gesamtpopulation prozentual gering.

Die Symptome sind unkoordinierte Bewegung, schwerfälliger, gestelzter Gang. Dies führt dazu, daß die Erkrankung auch als „Wobbler-Syndrom" (Schwankungssyndrom) bezeichnet wurde, man die befallenen Hunde „Wobbler" nennt. Schwäche in der Hinterhand ist oft ein Anzeichen für Halsspondylose, sollte nicht mit Hüftgelenksdisplasie verwechselt werden. Die Ursache ist bisher nicht klar erforscht, noch gibt es keinen Hinweis in der Richtung, daß die Krankheit erblich bedingt ist, obgleich der anatomische Aufbau einer Hunderasse ein Faktor sein mag, der zu den Ursachen gehört. Überfütterung oder Fütterung überreicher Nahrung könnte das Auftreten von CS vermehren, weil hierdurch das Wachstum beschleunigt wird. Ein Schaden an der Halswirbelsäule kann aber auch auf externe Faktoren zurückgehen, zum Beispiel Unfall im Nackenbereich oder falscher Gebrauch des Würgehalsbandes. Einige Autoren haben in ihrer Untersuchung sogar schon das Gewicht des Kopfes mit einbezogen.

Eine Röntgenaufnahme der Halspartie eines Dobermanns gibt Aufschluß, ob dieser normal ist oder Abweichungen zeigt. Bei starken Abweichungen besteht die Gefahr, daß der Hund ein „Wobbler" wird, sicherlich wäre es unklug, mit einem solchen Hund zu züchten. Natürlich besteht die Hoffnung, daß weitere Forschungen einen Hinweis auf die wirkliche Ursache der Deformation geben, ob doch eine Erblichkeit besteht, und was man tun kann, damit der eigene Hund nicht von CS befallen wird. Sind diese Forschungen einmal abgeschlossen, sollten hieraus auch für Dobermann-Besitzer und -Züchter Hinweise zur genauen Auswertung der Röntgenaufnahmen gegeben werden, auch über eventuelle Möglichkeiten, dieses Problem zu mindern oder gar zu lösen.

Unten: *Kontrolle des Herzschlags durch den Tierarzt. Wann immer man Rat und Hilfe braucht, sollte man sich vertrauensvoll an den Tierarzt wenden.*

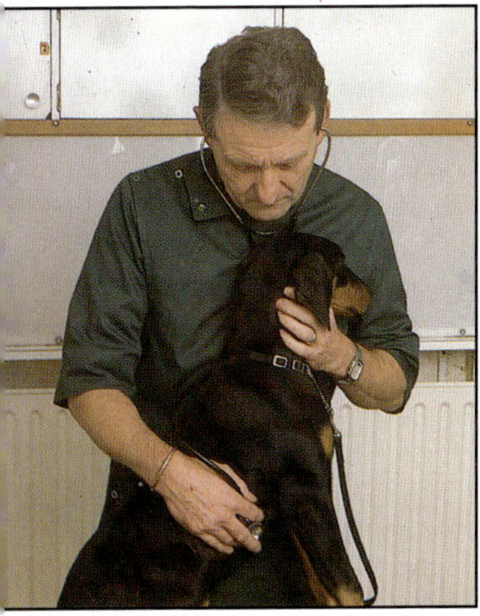

Augenprobleme

Insgesamt gesehen haben Dobermänner wenig Augenprobleme. Progressive Netzhautablösung, eine Erbkrankheit, die zur Blindheit führt, ist kein Problem dieser Rasse. In verschiedenen europäischen Ländern und in den Vereinigten Staaten wurde jedoch eine erbliche Veranlagung festgestellt, die an der Rückseite der Linse auftritt und den Glaskörper schädigt. Das Dobermannauge sollte mandelförmig und tief gelagert sein. Werden diese Forderungen übertrieben, treten Probleme wie nach innen drehende Augenlider (Entropion) auf. Dies kann zur Augenentzündung, zu Augenausfluß führen, chirurgische Behandlung erfordern. Man sollte sich mit seinem Tierarzt beraten.

PARASITEN

Flöhe

Flöhe können zu jeder Zeit auftreten, sind aber im allgemeinen hauptsächlich bei heißem, trockenem Sommerwetter ein Problem. Der Floh legt seine Eier nicht auf dem Hund, sondern in der Regel im Hundelager ab. Aus diesen Eiern kommen Flohlarven, entwickeln sich zu ausgewachsenen Flöhen, die den Hund dann erneut befallen. Flöhe sind Blutsauger, verursachen beträchtlichen Juckreiz, lösen Kratzen aus, dies führt zu kahlen, entzündeten Flecken. Seltsamerweise gibt es einige Dobermänner, die trotz starkem Flohbefall kaum äußere Anzeichen aufweisen, andere wiederum sind gegen Flohstiche überempfindlich, kratzen bei nur einem einzigen Floh bis zur Verzweiflung.

Flöhe sind Zwischenwirt für den Hundebandwurm, ein zusätzlicher Grund, sie zu bekämpfen. Am besten werden sie mit Flohsprays oder Flohpulver getötet. Dabei muß man das Hundelager gleichzeitig behandeln, um Eier und Larven zu vernichten. Man kann auch Flohhalsbänder kaufen, diese sollten aber nur mit Vorsicht gebraucht werden, da sie chemische Gase abgeben. Starken Flohbefall bekämpft man mit einem insektiziden Hundeshampoo.

Insbesondere im Sommer sollte man die Anwesenheit von Flöhen mit einem feinzahnigen Metallkamm kontrollieren.

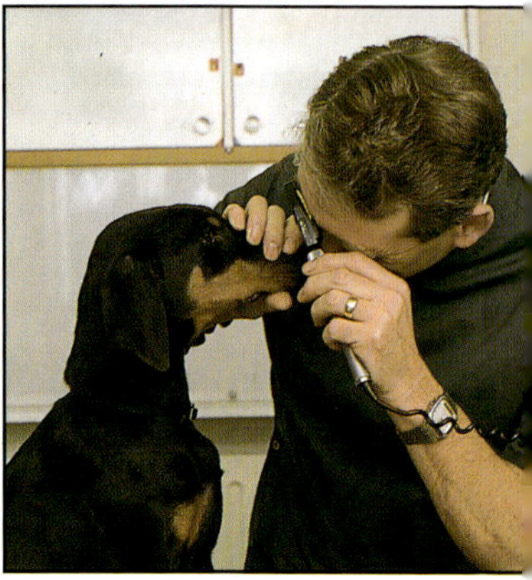

Oben: *Dobermänner als Rasse leiden an keinen erblichen Augenproblemen, gelegentlich treten jedoch Augeninfektionen auf.*

Läuse

Läuse sind hellbraune Insekten, länger als Flöhe und nicht so schnell beweglich. Sie ernähren sich auf der Hundehaut. Ihre Eier kleben am Hundehaar, im allgemeinen rund um Hals und Ohren. Läuse können nicht mehr als ein paar Tage vom Hund getrennt leben, die Infektion wird im allgemeinen durch Körperkontakt von Hund zu Hund übertragen. Läusebefall verursacht starken Juckreiz und dadurch anhaltendes Kratzen des Hundes. Am besten bekämpft man Läuse durch regelmäßiges Besprühen mit einem Insektizid.

Zecken

Zecken sind kein allgemeines Problem, aber gelegentlich lassen sie sich insbesondere im Wald und in Gebieten, wo Schafe weiden, auf Hunde fallen. Zecken saugen sich in der Hundehaut fest, wachsen zu braunen warzenartigen Gebilden. Man darf sie nicht einfach abreißen, weil der Kopfteil meist in der Haut stecken bleibt und zu Abszeßbildung führen kann. Zecken betäubt man mit medizinischem Alkohol, Äther oder Öl; dadurch lockern sie ihren Halt, man kann sie dann leicht herausdrehen.

Sarkoptisräude

Diese wird durch eine mikroskopisch kleine Milbe ausgelöst, die Diagnose erfolgt in der Regel anhand eines Hautgeschabsels durch den Tierarzt. Die Milben graben sich in die obere Hautschicht ein. Erste Symptome sind in der Regel kleine rote Hautflekken und hartnäckiges Kratzen. Die Haut wird rauh, es entstehen kahle Stellen und Haarausfall.

Räude beginnt im allgemeinen rings um Ohren und Augen, sowie an den Läufen; wird sie nicht behandelt, verbreitet sie sich über den ganzen Körper. Tierärztliche Behandlung ist erforderlich. Zu dieser Behandlung gehört das Baden mit einem Insektizidshampoo, das besonders gegen Milben wirkt. Es bedarf in der Regel 3–4 Anwendungen. Die wunden Stellen sollten mit Antibiotika behandelt werden. Auch der Schlafbereich muß mit insektizidem Spray behandelt werden. Infizierte Hunde sind unbedingt von anderen zu trennen, da Sarkoptisräude hochgradig ansteckend ist.

Cheyletiella Milben (Raubmilben)

Im allgemeinen nennen Hundebesitzer dies „lebenden Schorf", werden nur Junghunde befallen. Auslöser ist eine kleine Milbe, die ohne Mikroskop nicht erkennbar ist. Charakteristisch ist um Kopf, Hals und auf dem Rücken starker Schorf. Dieser juckt, veranlaßt die befallenen Junghunde zu kratzen. Die Behandlung erfolgt analog der Sarkoptisräude, aber zur richtigen Diagnose bedarf es tierärztlicher Untersuchung.

Demodexräude
Diese von der Demodex Milbe (Demodex canis) ausgelöste Räude ist allgemein als Follicular- oder rote Räude bekannt. Demodex Milben findet man in den Haarfollikeln vieler Hunde, ohne daß sie irgendwelche Symptome verursachen. Die Milben werden im allgemeinen von der Hündin in den ersten Lebenswochen auf ihre Welpen übertragen. Ein Hautgeschabsel nahezu jedes Hundes ergibt die Anwesenheit von Demodex Milben. Auf einigen Hunden vermehren sich diese Milben aber explosionsartig, kleine fahle Flecken treten rund um Augen, Nase, an Läufen und Pfoten auf. Nicht immer jucken diese Stellen. Die ersten Befallsanzeichen treten im allgemeinen zwischen drei und zwölf Monaten auf, vermehren sich meist schnell. Die tierärztliche Diagnose wird durch Untersuchung von Hautgeschabsel bestätigt. Der Tierarzt verordnet Bäder und Wickel, die Heilungschancen sind heute viel größer als früher.

Zuweilen heilt die Krankheit nicht ab, sondern verschlimmert sich als Folge eines fehlerhaften Immunsystems. Es ist zwar nicht nachgewiesen, aber dennoch außerordentlich wahrscheinlich, daß die Anfälligkeit gegen Demodexräude erblich bedingt ist, den befallenen Hunden fehlt das notwendige Immunsystem. Zwar überträgt der Rüde nicht direkt die Krankheit selbst, aber er kann die Anfälligkeit vererben. Befallene Hunde sollten deshalb aus der Zucht ausgeschlossen werden.

Demodexräude ist, da der Ausbruch der Krankheit weitgehend vom ererbten Mangel im Immunsystem abhängt, nicht besonders ansteckend.

Herbstmilben
In aller Regel tritt die Herbstmilbe in ihrem Larvenstadium als Parasit am Hund im Herbst auf, daher ihr Name. Die Larven ähneln orangeroten Nadelspitzen, lassen sich mit dem Auge gerade noch erkennen, man findet sie meist zwischen den Zehen. Diese Milben lösen Juckreiz aus, befallene Hunde lecken fortlaufend ihre Pfoten und knabbern daran. Herbstmilben bekämpft man durch Betupfen mit Methylalkohol, medizinischem Alkohol oder durch Baden mit einem insektiziden Shampoo.

Ringwurm
Ringwurm wird nicht – wie der Name vermuten läßt – durch einen Wurm ausgelöst, sondern es handelt sich um einen das Haar befallenden Pilz. Er wird bei Kontakt mit anderen Tieren durch die Pilzsporen übertragen. Beim Menschen verursacht der Pilz runde, kahle Flecken, im Hundefell wirkt die Haut oft verkrustet und verdickt, kann zur Verwechslung mit dem Frühstadium der Demodexräude führen. Ringwurm wird über Hautgeschabsel diagnostiziert. Befallene Hunde muß man zur Vermeidung weiterer Ansteckungen isolieren. Vom Tierarzt erhält man Medikamente und Bäder zur Bekämpfung des Befalls.

ROUTINEERKRANKUNGEN

Durchfall
Hierbei handelt es sich um das verbreitetste Problem, mit dem sich der Hundebesitzer auseinandersetzen muß. Durchfall als Folge einer Reizung der Verdauungsorgane läßt sich im allgemeinen schnell heilen. Meist ist untaugliches Futter der Auslöser – in aller Regel zuviel Fett, Leber oder Milch, zuweilen andere falsche Futterstoffe. Meist heilt Durchfall schnell ganz von alleine ab, wenn erst die Ursache im Verdauungstrakt beseitigt ist.

Durchfall kann man vermeiden, indem man nie zu viel rohe Milch, rohes Fleisch oder trockenen Hundekuchen verfüttert, denn all dies kann die Schleimhaut von Magen und Darm reizen. Man achte darauf, daß das Futter immer richtig eingeweicht ist. Die Genesung kann man dadurch beschleunigen, daß man einen Eßlöffel Kaolin (für Welpen eine kleinere Menge) verabreicht. Dies ist ein harmloses weißes Pulver, das auch in vielen Heilmitteln Verwendung findet, Stoffe im Verdauungstrakt schnell absorbiert. Weitere gute Hausmittel sind Pfeilwurz und Heilerde, auch diese kann man in Drogerie oder Apotheke kaufen.

Man verwendet Pfeilwurz, indem man einen Löffel Pulver mit etwas kaltem Wasser mischt, das Ganze zu einer geschmeidigen Paste verrührt; jetzt setzt man weiter Milch zu, etwa 500 ml, und rührt gut um; das Ganze wird wie eine Eierpastete gekocht und kalt verabreicht. Heilerde wird mit etwas Wasser angerührt und als Paste gegeben.

Ist der Durchfall nicht schwer oder langandauernd, erscheint der Hund nicht krank, ist es wahrscheinlich besser, seinen Futterplan nicht zu ändern. Dauert der Durchfall aber an, ist es besser, zu einer einfachen und leicht verdaulichen Fütterung zu wechseln. Hierzu gehören Reispudding, Eierspeise, gekochte Makkaroni, gekochte Eier, Hüttenkäse, einfacher Joghurt, gekochter Fisch und Hühnerfleisch.

Man sollte die Flüssigkeitsaufnahme des Hundes nicht einschränken, ihn aber nicht

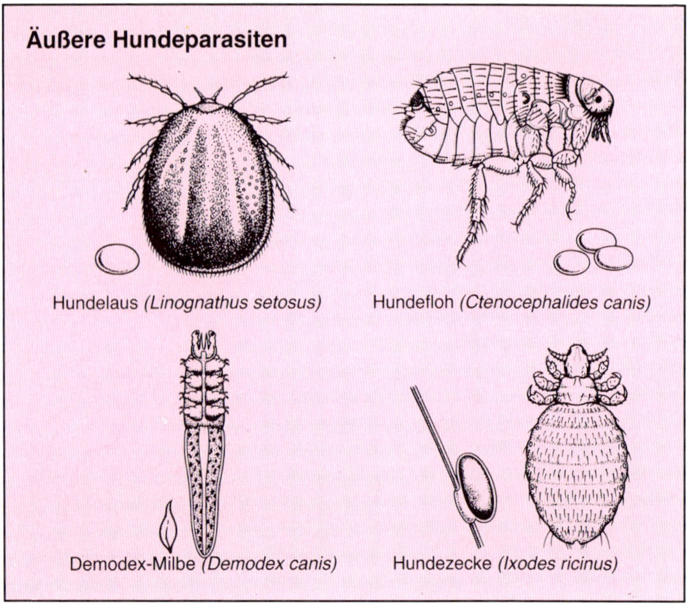

Oben: *Vier Sorten äußerer Parasiten mit Eiern. Obwohl man sie kaum mit dem Auge stehen kann, verursachen sie beim Hund eine Menge an Unannehmlichkeiten.*

zu viel auf einmal trinken lassen. Die Diätfütterung hält man für zwei oder drei Tage bei, ehe man zur Normalfütterung zurückkehrt.

Dauert der Durchfall an und sieht der Hund krank aus, ist er müde, lustlos, an allem ringsum uninteressiert, leidet er an Appetitlosigkeit, dann ist es durchaus möglich, daß der Durchfall Symptom einer ernsthaften Erkrankung ist, man sollte den Hund zum Tierarzt bringen. Manchmal ist Durchfall auch Folge von Streß – zum Beispiel der Aufregung, die mit einem ersten Besuch einer Hundeausstellung verbunden ist.

Blut im Durchfall mit Ausnahme einer kleinen, äußeren Blutspur am Kotrand – die mit zu starkem Pressen zusammenhängen kann, ist eine Alarmglocke, insbesondere wenn der Hund krank aussieht. Das Blut kann durchaus Anzeichen einer Viruserkrankung sein, die sofortiger tierärztlicher Behandlung bedarf. Dies gilt insbesondere für Welpen, hier könnte es ein Anzeichen von Parvovirose oder Coronarvirose sein.

HAUTPROBLEME

Bei kurzhaarigen Hunderassen wie dem Dobermann sind leider Hautprobleme heute nur zu verbreitet. Man kann sie in drei Kategorien aufteilen – Parasitös, Pilzerkrankung und Allergie.

Parasitöse Hauterkrankungen

Hierbei kann es sich um innere oder äußere Parasiten handeln. Zu den inneren Parasiten gehören Spulwürmer und Bandwürmer und eine Anzahl weniger verbreiteter Wurmarten. Da diese Würmer im Eingeweide leben, dem Hund die Nahrung stehlen, gerät er in schlechte Verfassung, hat stumpfes, glanzloses Fell. Richtige Wurmbekämpfung löst im allgemeinen diese Probleme, natürlich dauert es ein paar Wochen, bis der Hund wieder in normaler Verfassung ist. Regelmäßige Wurmkontrolle wurde schon erörtert, ebenso Hautprobleme, die im Zusammenhang zu äußeren Parasiten und Ringwurm stehen.

Allergien
Hat man parasitäre oder Pilzbefallursachen ausgeschaltet, liegt die Vermutung einer Allergie nahe. Beim Dobermann treten am häufigsten Allergien gegen Fleisch oder Maisflocken auf. Man versucht es mit einer Änderung der Fütterung, gibt Eier auf eingeweichtem Hundekuchen – dieser sollte zu 100% aus Weizenmehl gebacken sein, da darin verschiedenartiges tierisches Protein enthalten ist. Nach wenigen Wochen sollten die Symptome verschwinden. Ist man beunruhigt, sollte man tierärztlichen Rat einholen.

Ekzeme
Hautentzündungen treten oft in Form von Ekzemen auf, teils als nasse, teils als trokkene Ekzeme. Aus unbekannter Ursache erscheinen manchmal Flecken. Diese behandelt man am besten mit Jodtinktur oder wäscht sie mit einer Lösung gegen Demodexräude aus. Flecken unter dem Kinn sind ein häufiges Problem bei Dobermännern, es handelt sich um eine Form von Akne. Doch heilt diese schnell ab, wenn man mit einem Wattestäbchen Methylalkohol aufträgt.

Leckentzündungen
Diese sind beim Dobermann nicht ungewöhnlich, es handelt sich um Ausschläge im Bereich von Sprunggelenk und Handwurzel, ausgelöst durch dauerndes Lecken. Man bezeichnet dies als Vereinsamungsentzündungen, weil sie meist bei Hunden auftreten, die über lange Zeitperioden alleine gelassen werden, keine Beschäftigung haben. Das beste Heilmittel ist die Ursache zu beseitigen, den Tagesablauf des Hundes völlig zu ändern, bei schweren Entzündungen bedarf es zunächst aber sofortiger tierärztlicher Behandlung.

KLEINERE VERLETZUNGEN

Wunden überläßt man am besten dem Tierarzt zur Behandlung, dieser weiß nicht nur, was sofort getan werden muß, sondern er hat auch die notwendige Ausrüstung und Medikamente, die angewandt werden müssen. Es gibt jedoch auch sehr viele recht leichte Verletzungen, die zu Hause behandelt werden können.

Blutende Bisse oder Schnitte müssen sehr sorgfältig mit sauberem warmem Wasser mit Desinfektionsmittel ausgewaschen werden. Blutungen lassen sich oft durch Kaliumkarbonat (Pottasche) stoppen, wenn erforderlich, muß die Wunde verbunden werden. Man legt an der blutenden Stelle einen Druckverband an, nie darf man den Verband zu fest anlegen, er könnte sonst zur Aderpresse werden, die Blutzirkulation abschneiden.

Wunden an den Ohrlappen uncoupierter Hunde bluten stark, die Blutung läßt sich schlecht stoppen, da der Hund immer wieder den Kopf schüttelt, dadurch die Blutung neu auslöst. Man versucht, die Blutung zu stoppen, bedeckt dann die Wunde mit Watte und bandagiert das Ohr an die Kopfseite.

Man sollte immer eine kleine Dose antiseptischen Puder vom Tierarzt zur Behandlung kleiner Verletzungen vorrätig haben. Das Infektionsrisiko wird dadurch geringer, Puder ist besser als antiseptische Lösung, weil die Wunde trockengehalten wird. Wurde die Wunde durch einen Gegenstand ausgelöst, der Infektionen auslösen könnte, beispielsweise durch rostigen Draht oder einen Biß, sollte man vorsichtshalber den Hund vom Tierarzt behandeln lassen.

ZWINGERHUSTEN

Zwingerhusten wird durch mehrere Virusarten und Bakterien ausgelöst, kommt häufig in warmen Sommermonaten vor. Befallene Hunde zeigen einen harten, rauhen Husten, erscheinen aber im übrigen gesund und fit. Zwingerhusten ist eher ein lästiges als ein ernsthaftes Problem. Dies gilt allerdings nicht für Junghunde oder für sehr alte Hunde, bei denen sich hieraus eine Lungenentzündung entwickeln könnte. In der Regel wird die Krankheit über Kontakt mit einem befallenen Hund übertragen, kann aber auch in der Luft liegen. Bricht beim eigenen Hund Zwingerhusten aus, sollte man ihn von anderen Hunden trennen, den Tierarzt aufsuchen, der mit Antibiotika die Krankheit behandelt.

Kapitel fünf

ERZIEHUNG

WARUM ERZIEHEN?

Einen Hund, gleich welcher Rasse, sollte man immer sorgfältig erziehen. Ein gut erzogener Hund ist ein glücklicher Hund, weil er seinen Platz in der menschlichen Familie kennt, sich auf die Hausordnung und den Ablauf in der menschlichen Familie einrichten kann. Die Erziehung des Hundes ist soziale Notwendigkeit, Teil der Verantwortung, die jede Hundehaltung dem Hundebesitzer auferlegt. Der Hund muß immer unter Kontrolle seines Herrn stehen, nie darf man ihm erlauben, anderen lästig zu werden oder gar in irgendeiner Art die öffentliche Sicherheit zu gefährden. Besonders gilt dies natürlich für einen Dobermann, der ein großer, energiegeladener Hund ist, der oft emotionell handelt. Ein unerzogener Dobermann könnte zahlreiche Probleme für Besitzer und Umwelt mit sich bringen.

DIE ERSTEN ERZIEHUNGSSCHRITTE

Die Erziehung des Dobermanns ist relativ einfach, er ist ein hochintelligenter Hund, der sehr schnell lernt.

Vom Augenblick des ersten Zusammenseins an ist die Beziehung Mensch/Hund in Wirklichkeit eine laufende Kette der Erziehung, obwohl dies weder der Mensch, noch der Hund genau erkennt. Das erste, was der Hund lernen muß, ist Stubenreinheit, seinen eigenen Namen und auf Anruf zu kommen. Sehr schnell lernt er auch eine ganze Reihe weiterer Dinge, etwa wann und wo er gefüttert wird, wohin der Spaziergang führt, die Grenzen seines Territoriums, welches Verhalten sein Herr duldet und welches nicht, wo sein Schlafplatz ist. Mit etwas Nachdenken kann dieses Konzept so erweitert werden, daß der Führer seinen Hund innerhalb des Hauses auf jeden notwendigen Erziehungsstand bringen kann. Zusätzlich gibt es in den meisten Gebieten Hundeschulen und Ausbildungsvereine. Das Hauptziel dieser Einrichtungen ist nicht alleine die Ausbildung des Hundes, sondern dem Hundeführer beizubringen, wie er selbst seinen Hund zu Hause erziehen kann. Hinzu kommen Spezialausbildungsmöglichkeiten über das Vorführen auf Hundeausstellungen. Spezialtraining für Agilitywettbewerbe und Ausbildung zum Gebrauchshund, je nach Interessenlage des Hundebesitzers.

Das Wichtigste, was man sich von Anfang an vor Augen halten muß, ist, was immer man gemeinsam mit seinem Hund tut, ist Teamarbeit. Teamarbeit verlangt gegenseitiges Vertrauen und Loyalität, diese entwickeln sich fortwährend mit dem Heranwachsen des Junghundes. Die wichtigste Grundvoraussetzung ist, daß man seinem Hund Liebe und Zuneigung entgegenbringt.

Der Junghund sollte immer die menschliche Hand suchen, deshalb darf man nie den Hund beim Kommen schlagen, selbst wenn er ungehorsam oder übermütig ist. Stets sollte man den Dobermann alleine mit dem Tonfall der Stimme kontrollieren können. Dobermänner sind sehr empfindsame Hunde, deshalb muß man bei der Erziehung sehr vorsichtig sein. Es ist von entscheidender Wichtigkeit, ihm nicht die Freude, das Vertrauen zum Menschen zu nehmen, insbesondere im Welpenalter.

UNTERORDNUNGSERZIEHUNG

Ist der Junghund voll durchgeimpft, sollte man ihn nach Möglichkeit mit auf den Übungsplatz nehmen. Einzelheiten über verfügbare Clubs erhält man von den jeweiligen Hundefachverbänden, notfalls von der nationalen Hundezuchtorganisation, natürlich kann man auch andere Hundehalter in seiner Umgebung befragen. In der Regel gibt es in vielen Städten örtliche Hundevereine, die allen Hunderassen zur Verfügung stehen, eine Anzahl von Dobermann-Spezialvereinen bietet gleichfalls gemeinsame Übungsplätze. Dies kann natürlich zusätzliche Fahrten erforderlich machen, aber diese Mühe zahlt sich meist aus, denn man arbeitet dann mit anderen Dobermann-Besitzern und anderen Dobermännern, die Ausbilder wissen im allgemeinen einiges mehr speziell über diese Hunderasse. Welchem Club immer man sich anschließt, im allgemeinen sollte man Mitglied werden und muß in der Regel auch für jede Unterrichtsstunde einen Grundbetrag entrichten.

Die meisten Klassen für die Unterordnungserziehung bemühen sich darum, Hunden und Hundebesitzern eine Grundausbildung zu bieten. Hat man an Unterordnungsübungen Freude, kann man seinen Dobermann auf einen beachtlichen Leistungsstand bringen, der es lohnt, an Unterordnungswettbewerben teilzunehmen. Diese werden im eigenen Verein ausgetragen, es gibt aber auch Wettbewerbe, zu denen Hunde vieler Vereine zusammenkommen. Auf dem Kontinent bieten die Gebrauchshundevereine ein kombiniertes Programm von der Suche über die Unterordnung bis zur Mannarbeit.

Die Unterordnungsübungen in den Ausbildungsklassen sind im allgemeinen auf derartige Wettbewerbe ausgerichtet. Die Prüfungsordnungen der Grundklassen umfassen alle Ausbildungsstufen, die erforderlich sind, um einen gut erzogenen Hund stets unter richtiger Kontrolle zu haben. Hierzu gehören Leinenführigkeit, Sitz, Platz, Bleib, Hier, Aus und – später – Apportieren. In den fortgeschrittenen Klassen folgen Arbeiten wie Frei Folgen, Vorausschicken, Gehorsam auch in Abwesenheit des Besitzers und Nasenarbeit.

Für die Arbeit in solchen Ausbildungsklassen braucht man ein Würgehalsband. Dies ist ein recht effektives Ausbildungsmittel, man hat damit volle Kontrolle über seinen Hund, es lehrt den Hund, auf Kommando schnell zu reagieren. Die Ausbilder zeigen dem Anfänger die richtige Anwendung eines solchen Würgehalsbands, dabei sollte man in aller Regel nur Würgehalsbänder mit großen Kettengliedern verwenden. Mit diesen langgliedrigen Würgehalsbändern hat man die notwendige Korrekturmöglichkeit für seinen Hund, sie fügen dem Hund keinen Schaden zu. Feingliedrige Halsbänder sollte man generell meiden, sie können übermäßig starken Druck auf Hals und Wirbelsäule ausüben, im Extremfall auch körperlichen Schaden anrichten.

Beim Spaziergang mit dem Dobermann sollte man mit dem Würgehalsband außerordentlich vorsichtig sein, übertriebene

Unten: *Eine Auswahl an Halsbändern. Von oben: Nylonleine, dünner Würger, zwei starke Würgehalsbänder mit Wirbel und ein Halbwürgehalsband.*

Anwendung kann zu Schäden an der Halswirbelsäule führen. Außerdem besteht die Gefahr, daß man seinen Hund verliert, Dobermänner können recht leicht ihren Kopf aus einem solchen Halsband ziehen. Ein kräftiges, festes Lederhalsband oder ein Würgehalsband mit nur teilweiser Würgewirkung sind besser und sicherer.

Nimmt man an Ausbildungsübungen teil, zieht man sich bequem und zweckmäßig an, meidet hochhackige Schuhe oder lose, flatternde Kleidung. Für den Hund braucht man ein großgliedriges Würgehalsband und eine Leine, etwa 1,20 m lang, außerdem ein normales, sicheres Halsband.

„Bei Fuß!“

Das meiste der Grunderziehung kann man mit seinem Hund zu Hause üben. Es ist wichtig, dem Hund beizubringen, an loser Leine bei Fuß zu gehen, ohne zu ziehen: diese Erziehung ist notwendig, wenn die Spaziergänge nicht zu einem ständigen Seilziehen ausarten sollen. Das Folgen an loser Leine kann man dem Hund recht schnell im Garten beibringen. Man legt dem Hund Halsband und Leine an, ein Zughalsband, wenn man es für richtig hält, und geht ganz einfach mit ihm einen Weg auf und ab. Dabei muß er lernen, auf der linken Seite zu gehen, an loser Leine zu folgen, ohne zu ziehen. Hierzu hält man die Leine in der rechten Hand, läßt genügend Durchhang, um die Leine weiter unten nochmals mit der linken Hand zu fassen. Jedesmal, wenn der Hund wegzieht, gibt man mit der linken Hand einen scharfen Ruck, der sofort aufhört, wenn er wieder bei Fuß geht, gleichzeitig mit dem Ruck erfolgt das Kommando „Fuß!“. Natürlich führt man den Hund nicht an zu kurzer Leine, sonst mindert man die Wirkung des Leinenrucks. Immer nach einer kurzen geraden Strecke ändert man die Richtung, wendet etwa um 90° nach rechts, dreht später um 180° um, erteilt jeweils das feste Kommando „Fuß!“. Wie bei aller Erziehung lobt man seinen Hund tüchtig, wenn er sich korrekt verhält.

Unten: *Das Bei-Fuß-Gehen wird zunächst an der Leine gelehrt. Wenn der Hund es beherrscht, kann man auf die Leine verzichten.*

Recht schnell lernt ein Dobermann, auf diese Art bei Fuß zu gehen und den Anweisungen zu folgen. Bei diesen Übungen spricht man laufend mit dem Hund, die menschliche Stimme gibt ihm Ermunterung wie genaue Kommandos. Spricht man nicht mit seinem Hund, weiß er nicht, was man von ihm will.

Sitz, Platz und Steh

Hat der Hund gelernt, ruhig bei Fuß an der Leine zu folgen, führt man das Kommando „Sitz!" in die Übung ein. Hält man an, gibt man das feste Kommando „Sitz!"; falls erforderlich, wird er am Würgehalsband mit der rechten Hand leicht nach hinten gezogen, mit der linken Hand bringt man ihn dann in die sitzende Position. Hat er die richtige Haltung eingenommen, lehrt man ihn das Kommando „Bleib!", läßt ihn einige Sekunden ruhig sitzen. Natürlich muß man bei korrekter Ausführung entsprechend loben.

Zur Abwechslung bringt man den Hund mit dem Kommando „Platz!" in liegende Haltung. Soweit notwendig, drückt man mit der rechten Hand am Würgehalsband und mit der linken Hand im Bereich der Kruppe den Hund in die geforderte Lage. Mit etwas Ausdauer und Ermutigung unterscheidet der Hund bald zwischen Sitz und Platz. Als weitere Variante kann man später das Kommando „Steh!" einführen. Erfolgt dieses Kommando aus der Haltung Sitz oder Platz, geht man ganz einfach einen Schritt vorwärts, bis er sich in der richtigen Position Steh befindet.

Unten: *Die Übung „Sitz!" ist Teil der Erziehung bei Fuß, ist außerordentlich wichtig, um den Hund stets unter Kontrolle zu halten.*

Die Begeisterung für eine Zusammenarbeit und die Bereitschaft zum Gehorsam lassen sich außerordentlich steigern, wenn man eine Tasche voller Leckerbissen hat, etwa Schokoladendrops, die man als Belohnung einsetzen kann.

Bleib

Die nächste Übung gilt dem Verbleiben des Hundes an angeordneter Stelle. Einen Grundbegriff hat der Hund schon aus der Erziehung „Fuß!" gelernt. Jetzt hält man ihn an der Leine, läßt ihn sich setzen und nach dem festen Kommando „Bleib!" geht man eine Leinenlänge von ihm weg und dreht sich zu ihm um. Dabei gibt man laufend das Kommando „Bleib!", gehorcht er, kehrt man nach ungefähr 30 Sekunden an seine Seite zurück, gibt, wenn notwendig, erneut das Kommando. Hat der Hund die Übung richtig gemacht, erhält er Lob und Leckerbissen.

Kommen

Beherrscht der Hund einmal die Übung „Bleib!", kann sie auf das Kommen ausgedehnt werden. Hierbei läßt man den Hund in sitzender Haltung wie zuvor, steht man dann aber um Leinenlänge entfernt vor ihm, erteilt man jetzt das Kommando „Hier!", ermuntert ihn, zum Führer zu kommen, sich vor diesen zu setzen. Wenn notwendig, kann man an der Leine ziehen, parallel zum Kommando „Hier!".

Man kann die Entfernung des Hereinkommens dadurch vergrößern, daß man mit dem Kommen des Hundes selbst um einige Schritte zurückgeht. Bei dem Hereinkommen ist es auf Prüfungen üblich, daß zum Schluß der Hund im Uhrzeigersinn um seinen Führer herumgeht und die Übung in der Stellung „Sitz, bei Fuß!" auf der linken Seite seines Führers beendet. Man lernt dies in jeder Hundeschule, braucht es bei Wettbewerben, aber für eine

Rechts: *Der erste Schritt bei der Ausbildung für „Bleib!" – der Hund bleibt sicherheitshalber an der Leine und sitzt seinem Führer gegenüber.*

Unten: *Der erste Schritt für das Herankommen ohne Leine. Man achte auf das Handzeichen in Verbindung mit der Kontrolle durch die Stimme.*

normale Haushunderziehung ist diese Übung nicht erforderlich. Hat der Hund das Herankommen einmal richtig begriffen, werden die Übungen abgeleint vertieft.

Eine Halle oder ein eingezäuntes Grundstück sind für diese Ausbildung ideal, denn daduch hat der Hund weniger Gelegenheit, auf die Idee zu kommen, daß die ganze Angelegenheit recht langweilig sei und sich mit schnellen Schritten zu verabschieden. Frei folgen ohne Leine wird am besten in einer Halle geübt, sie bietet dem Hund weniger Versuchung, sich zu weit zu entfernen. Erst wenn die Übung im geschlossenen Raum sitzt, kann man sie im eigenen Garten weiter üben.

Unten: *Das „Herankommen" ist eine andere wichtige Übung, der Hund muß immer und jederzeit auf Ruf zum Führer kommen.*

Apportieren

Der gebräuchlichste Gegenstand zum Apportieren ist in den meisten Ausbildungsklassen das Apportierholz.

Zu Hause kann man diese Übung im Spiel bereits recht leicht vorbereiten.

Man nimmt hierfür einen handlichen Gegenstand, einen Stock, einen kleinen Klotz oder auch einen Apfel. In der Übung wird verlangt, daß der Hund den geworfenen Gegenstand aufnimmt und schnell zum Führer zurückbringt. Das erste ist leicht, es liegt im Instinktverhalten des Hundes. Der schwierigere Teil ist, den Hund zu überreden, den Gegenstand zu apportieren. Am besten verwendet man eine Kombination des Kommandos „Hier“ und einen ermunternden, aufgeregten Tonfall, der unterstreicht, daß dies viel mehr ein Spiel als ernsthafte Übung sei. Ist der Hund mit dem Gegenstand zum Führer gekommen, muß er tüchtig gelobt werden. Wie bei allen bereits beschriebenen Übungen sollte man diese nie zu lange ausdehnen, weil ein Dobermann in aller Regel eine niedrige „Langweilschwelle“ hat, bald an Interesse verliert. Das beste Rezpet, dies zu meiden, lautet „wenig und oft“.

Unten: *„Apportieren“ gehört zu den Grundübungen bei Wettbewerben, bei sehr häufigem Wiederholen verliert der Dobermann den Spaß an dieser Übung.*

Nasenarbeit

In sehr vielen Hundeschulen gibt es recht starre Regeln, was in den einzelnen Ausbildungsklassen gelehrt wird, dies ist wirklich schade. Man sollte sich nie scheuen, einem Dobermann auch schwierigere Aufgaben zu stellen, selbst wenn er noch jung ist oder noch nicht alle Grundaufgaben beherrscht.

Nasenarbeit wird in den Grundklassen nur wenig gelehrt, sondern erst bei fortge-

Oben: *Vom Hund wird verlangt, das weggeworfene Apportierholz aufzunehmen und zum Führer zurückzubringen.*

Unten: *Nach dem Heranbringen des Apportierholzes muß der Hund es eine Zeitlang vor dem Führer sitzend festhalten, bis es ihm abgenommen wird.*

Oben: *Apportieren kann schon in der frühen Jugend als Spiel gelehrt werden, dabei verwendet man verschiedenartige Gegenstände, etwa Hundespielzeug und selbst Äpfel.*

schrittenen Hunden. Dabei ist es eine der leichteren Übungen, die man bereits zu Hause einstudieren kann. Am besten beginnt man mit seinem Beutel voll kleiner Belohnungen. Man läßt seinen Hund neben sich sitzen, Kommando „Bleib!". Wenn notwendig hält man ihn am Halsband fest, wirft den Leckerbissen quer durch den Raum und fordert den Hund auf, ihn zu suchen. Die Schnelligkeit, mit der er verschwindet, zeigt bald, daß er die Grundregeln des Spiels begriffen hat. Als nächstes bedeckt man mit einer Hand die Augen des Hundes, so daß er das Werfen der Belohnung nicht sieht, dann sagt man „Such!". Meist ist er nur zu begierig, seine Belohnung zu finden, das lehrt ihn schnell, mit der Nase am Boden zu arbeiten. Hat man diesen Schritt geschafft, läßt man den Hund in einem Zimmer, versteckt die Belohnung im anderen und schickt ihn dann suchen. Die Verstecke können immer schwieriger werden, so daß er sich wirklich um seine Belohnung bemühen muß. Dies lehrt den Hund, mit der Nase den Geruch der Belohnung zu suchen, mit den Augen den versteckten Gegenstand zu finden.

Beim nächsten Erziehungsschritt geht man auf Streichholzschachteln über. Man steckt die Belohnung in eine leere Streichholzschachtel, legt diese in eine Ecke des Zimmers, schickt den Hund apportieren. Bringt der Hund diesen Gegenstand zum Führer, hat er sich seine Belohnung verdient. Allerdings wird man seine gesamte Überzeugungskraft brauchen, um den Hund genügend zu ermuntern, die Schachtel zum Führer zu bringen, anstatt sie zu zerstören. Hat man dies geschafft, legt man etwa sechs neue Streichholzschachteln aus einer geschlossenen Verpackung auf den Boden, jeweils in einem Abstand von 15–30 cm. Am besten trägt man Gummihandschuhe, damit kein menschlicher Geruch auf diese Schachteln übergeht. Zwischen diese Schachteln legt man nun eine gut verwitterte Schachtel mit der Belohnung, dann kommt das Kommando „Such!". Nimmt der Hund eine der falschen Schachteln auf, folgt das Kommando „Nein!", aber in aller Regel wird er direkt die richtige herausfinden. Hat er diese tatsächlich apportiert, hat er seine Belohnung verdient, erhält viel dankbares Lob.

Diese Übung kann sehr viel Spaß machen, ist überraschend leicht zu lehren. Dabei lernt der Hund, einen ihm durch Geruch bekannten Gegenstand unter einer Anzahl geruchloser Gegenstände herauszufinden. Dies ist die Grundlage aller Nasenarbeit, mit Hilfe der Nase findet der Hund versteckte Gegenstände, etwas, was er lernen muß, wenn er später an Prüfungen teilnehmen soll.

Voraussenden

Zwei weitere Übungen für Fortgeschrittene sind das Voraussenden und das Ablegen an vorbestimmter Stelle, gleichfalls zu Hause zu lehren. Dies sind schon schwierigere Übungen, haben auch wenig praktischen Nutzen, es sei denn, man möchte an Leistungsprüfungen teilnehmen. Das Voraussenden erfordert, daß der Hund sich auf eine Entfernung von etwa drei Metern (auf deutschen Prüfungen zehn Meter) vom Führer weg bewegt, dann wartet, entweder sitzend oder liegend, bis er zurückgerufen wird. Diese Übung ist für den Hund schwer zu lernen, denn das vom Führer Weggehen ist seinen Instinkten entgegengesetzt. In Wettbewerben wird verlangt, daß sich der Hund auf einen im voraus

Unten: *Vorausschicken und Gehorsam auf Distanz sind fortgeschrittene Übungen, man lehrt sie erst, wenn die Grundausbildung abgeschlossen ist.*

Ganz unten: *Bei der Übung „Voraus" bewegt sich der Hund vom Führer weg und legt sich an einer im voraus bestimmten Stelle.*

eindeutig markierten Bereich hinbewegt.

Unter „Distant control“ versteht man, daß der Hund auf einige Entfernung vom Führer auf Kommando sich setzt, legt oder steht. Er sollte beherrschen, von einer Stelle zur anderen zu wechseln, sich auf Kommando auf Entfernung vom Führer nach links oder rechts zu bewegen. Anfangs werden alle Kommandos mit der Stimme gegeben, später, beim gut ausgebildeten Hund durch Handzeichen ersetzt. Von Anfang an ist grundsätzlich empfehlenswert, in Verbindung mit den Kommandos Handsignale zu benutzen, das macht dann den Übergang leichter.

UNTERORDNUNGSPRÜFUNGEN

In England gibt es reine Unterordnungsprüfungen. Hat der Führer seinen Hund gut erzogen, macht es Führer und Hund Spaß, meldet man seinen Hund zu einer entsprechenden Prüfung an.

Im allgemeinen beginnt man im eigenen Ausbildungsverein mit solchen Wettbewerben, zuweilen gibt es auch Wettbewerbe zweier örtlicher Vereine gegeneinander. Hat man dabei Erfolg, macht es Spaß, dann meldet man auch zu offenen Unterordnungsprüfungen. Im allgemeinen stehen diese Prüfungen für eine Vielzahl von Hunderassen offen, ist der Wettbewerb recht stark. Jede Übung hat ein Maximum an erzielbaren Punkten, bei jedem Fehler des Hundes zieht der Richter Punkte ab, zum Beispiel, wenn er nicht gerade sitzt oder aufsteht, während er sitzen sollte. Der Hund, der die wenigsten Punkte verloren hat, ist der Sieger.

Nie sollte man derartigen Wettbewerben eine übermäßige Bedeutung beimessen. Macht der Hund dabei einen Fehler, enttäuscht er, sollte man es ihm nie übel nehmen. Er tut meistens sein Bestes, zumindest das, was er meint, tun zu sollen.

Möchte man einen Dobermann haben und mit ihm Unterordnungsübungen erarbeiten, ist dies in Ordnung. Ist man allerdings in allererster Linie daran interessiert, Unterordnungsprüfungen zu gewinnen, wäre mein Rat, keinen Dobermann zu kaufen. Als Alternative gibt es Hunderassen, die für diese Arbeit besonders geeignet sind; einen solchen Hund könnte man zu seinem Dobermann hinzukaufen. Regelmäßige, absolut exakte Unterordnung, zumal noch wenn es regnet oder kalt ist, wenn es ringsum interessante Ablenkungen gibt, ist nicht gerade die Lieblingsvorstellung eines Dobermanns von Arbeit, die ihm Spaß macht.

LEISTUNGSPRÜFUNGEN

Möchte man wirklich die Intelligenz und Veranlagung seines Dobermanns voll nutzen, dann sollte man vielmehr an Gebrauchshundeprüfungen denken. Diese sind im Grunde genommen eine Erweiterung der Unterordnungsprüfungen, die man bereits in den Ausbildungsklassen absolviert hat. Hat allerdings der eigene Hund auf diesen Prüfungen nicht einen bemerkenswerten Grad von Arbeitsfreude zu erkennen gegeben, wäre es schwierig, nun zu Gebrauchshundeprüfungen überzugehen. In England, insbesondere aber in den deutschsprachigen Ländern, gibt es Gebrauchshundevereine, die auf solche Leistungsprüfungen vorbereiten. Hinzu kommt eine Anzahl von Dobermannvereinen, die eigene Ausbildungsklassen eingerichtet haben, die sicherlich die optimale Arbeitsmöglichkeit bieten. Die meisten Hundefreunde erziehen ihre Hunde nicht, um ihre Hunde auf solchen Wettbewerben zu führen, sich für ausgewählte Spitzenveranstaltungen zu qualifizieren, trotzdem ist die Erziehung in solchen Spezialvereinen darauf ausgerichtet, als würden alle Teilnehmer an Leistungsprüfungen teilnehmen.

In England gibt es drei Arten von Arbeitsprüfungen. Championship Working Trials (auf denen Championatspunkte für das Kennel Club Working Trial vergeben werden), Open Working Trials (die für Teilnehmer aller Art offenstehen, beschränkt ist nur die Gesamtzahl teilnehmender Hunde) und Members Working Trials, offen nur für Clubmitglieder.

Die Working Trials-Wettbewerbe nennt man auch „Stakes“. Die fünf englischen Arbeitsprüfungen, aufgelistet entsprechend wachsendem Schwierigkeitsgrad, sind: Companien Dog (CD), Utility Dog (UD), Working Dog (WD), Tracking Dog (TD) und Police Dog (PD). Jeder Hund muß erst in den unteren Kategorien bestimmte Leistungen erbringen, ehe er an fortgeschritteneren teilnehmen kann.

Auf dem Kontinent gibt es in den Gebrauchshundevereinen Ausbildungsmöglichkeiten für Schutzhundeprüfungen (Stufe I bis Stufe III), Fährtenhundausbildung (FH) und die Rettungshundearbeit.

Kapitel sechs

AUSSTELLUNG UND RASSESTANDARD

HUNDEAUSSTELLUNGEN

Für viele Hundefreunde ist das Ausstellen von Hunden ein beliebtes Hobby, dessen Popularität in jüngster Zeit außerordentlich gewachsen ist. Es gibt heute in einer Vielzahl von Ländern mehr Hundeausstellungen als je zuvor mit Rekordmeldezahlen. Entscheidet man sich, seinen Dobermann auszustellen, muß man dies als Sport ansehen, dessen wichtigstes Ziel die Freude am Wettbewerb ist. Es gibt um einen Ausstellungshund herum nichts Magisches – die meisten ausgestellten Dobermänner sind zu Hause reine Familienhunde. Die Behauptung ist wahrscheinlich wahr, daß in der Praxis viele der besten Hunde – gemessen an ihrer Ausstellungsqualität – überhaupt nie auf Ausstellungen gezeigt werden.

Für einige Hundefreunde ist das Gewinnen von einer solchen Bedeutung, daß es nahezu zu einer Frage von Leben oder Tod geworden ist. Dies ist eine außerordentlich traurige Erscheinung, denn Hundeausstellen sollte einfach Spaß machen, Freude am Wettbewerb sein.

Wettbewerbe

Präsentiert man seinen Dobermann, steht man in aller Regel mit einer Vielzahl anderer Hunde im Wettbewerb. Man versucht dabei, den Richter davon zu überzeugen, daß der eigene Hund besser als alle anderen im Ring ist. Für diesen Versuch muß man natürlich den eigenen Hund so vorteilhaft wie möglich präsentieren.

Der Richter beurteilt jeden einzelnen Hund nach dem Rassestandard, gleichzeitig vergleicht er ihn gegenüber jedem Wettbewerber im Ring. Sieger wird der Hund, von dem der Richter meint, er käme dem Rassestandard so nah wie möglich. In der Praxis interpretiert jeder Richter den Rassestandard unterschiedlich, seine Interpretation kann durch eigene Hunde, einen Hund, den er besonders hoch schätzt oder durch die Art, wie ein Hund vorgestellt wird, beeinflußt sein.

AUSSTELLUNGSVORBEREITUNG

Möchte man seinen Dobermann ausstellen, sollte man mit einer kleineren Ausstellung beginnen. Solche Ausstellungen gibt es in allen Ländern, teils für eine bestimmte Rasse allein, teils für eine Vielfalt von Hunderassen. Auch erfahrene Züchter stellen auf solchen Ausstellungen aus, damit ihre Junghunde Erfahrung gewinnen. Auf solchen kleinen Ausstellungen macht es nichts aus, wenn man etwas falsch macht, ja wenn man sogar alles verdirbt. Jedermann macht am Anfang Fehler, gelegentlich sogar die erfahrensten Aussteller!

Man sollte seine ersten Ausstellungen als Trainingsgelegenheit für Mensch und Hund ansehen. Hierbei lernt man aus eigener Erfahrung und von dem, was andere Aussteller tun. Man sollte sich nie scheuen, um Hilfe zu bitten – die meisten Hundefreunde helfen nur zu gerne. Aussteller von Dobermännern sind im großen und ganzen freundlich und hilfsbereit, fragt man allerdings nicht um Rat und Hilfe, kann man sicherlich auch nicht erwarten, daß die anderen initiativ werden.

Selbst wenn man seinen Hund nicht besonders gut vorführt, gewinnt man zuweilen doch etwas. Richter machen auf kleinen Ausstellungen bei schlechtem Vorführen Zugeständnisse, gewichten die Qualität des Hundes stärker. Sind allerdings zwei Hunde weitgehend gleichwertig, entscheidet aller Wahrscheinlichkeit nach das bessere Vorführen.

Zuweilen gibt es kleine Ausstellungen, wo man am Ausstellungstag ganz einfach mit seinem Hund hingeht, die überwiegende Mehrheit der Ausstellungen erfordern jedoch vorherige Anmeldung des Hundes, haben einen klaren Meldeschluß, oft Wochen vor der Ausstellung. Mit der Meldung übersendet man an die Ausstellungsleitung auch das Meldegeld. Auf Championatsausstellungen erhält man im allgemeinen rechtzeitig Meldebestätigung und Ausstellerpaß, kleinere tun dies nicht immer, oft um unnötige Kosten einzusparen. Alle gemeldeten Hunde müssen beim nationalen Hundeverband eingetragen sein, auf dem Kontinent von der FCI anerkannte Abstammungsnachweise haben. Im allgemeinen wird auch bei jeder Hundeausstellung Vorlage tierärztlicher Gesundheitsatteste, Nachweis von Tollwutimpfung verlangt. Ist man in solchen Fragen noch unsicher, sollte man stets erfahrene Aussteller fragen; sie helfen gerne.

Am Ausstellungstag

Auf einer Ausstellung ist man persönlich dafür verantwortlich, zur rechten Zeit im Ausstellungsring zu erscheinen. Es empfiehlt sich, immer frühzeitig zu einer Hundeausstellung zu fahren, dies erfordert auch die tierärztliche Kontrolle am Eingang. Der Hund kann sich an die Ausstellungsatmosphäre gewöhnen, die meisten Hunde sind anfänglich etwas aufgeregt. Besonders wichtig ist eine frühe Ankunft, wenn man einen Junghund vorstellen möchte. Dieser braucht immer etwas länger, um mit der neuen Umwelt zurechtzukommen, überdies wird im allgemeinen die Klasse der Junghunde auf allen Ausstellungen zuerst gerichtet.

Man achte auf bequeme Kleidung, die nicht herumflattert, nicht den Hund stört. Dies gilt besonders für Damen, die auf Ausstellungen möglichst Schuhe mit flachen Absätzen tragen sollten. Es kann schwierig werden, auf einer Ausstellung seinen Dobermann völlig unter Kontrolle zu halten, wenn man flatternde Kleidung und hochhackige Schuhe trägt.

Obwohl die Anatomie in aller Regel gegenüber der Präsentation des Hundes Vorrang hat, muß man wissen, daß Hundeausstellungen ein Schönheitswettbewerb sind. Deshalb sollte man selbt in ordentlicher Kleidung, der Hund in erstklassiger Verfassung in den Ring kommen.

Unten: *Präsentation von Roanoke Flair, einem erfahrenen Ausstellungshund. Man achte auf den minimalen körperlichen Kontakt, die dünne Vorführkette, welche die Schulterlage betont.*

Natürlich hat man die Zähne des Hundes gereinigt, seine Nägel – wenn zu lang – geschnitten, das Fell gebürstet, irgendwelche Schuppen – die sich besonders gerne um den Hals herum zeigen – entfernt. Letzte Versäumnisse zeigen sich immer gerade in dem Augenblick, wenn man in den Ring muß, haben auch mit der Anspannung des Hundes zu tun. Es gibt eine Anzahl von Hilfsmitteln, um Schuppen zu beseitigen, abschließenden Glanz auf das Fell zu zaubern. Man sollte daran denken, daß es eine Beleidigung für den Richter ist, wenn man ihm einen ungepflegten Hund präsentiert. Dobermänner badet man nicht vor jeder Hundeausstellung, wenn es nicht absolut notwendig ist, denn dadurch nimmt man dem Haar sein natürliches Fett, das Fell wirkt dann trokken und rauh.

Viele Aussteller glauben, man müsse die langen Barthaare des Hundes abschneiden, um die Kopflinien zu betonen. Dies ist ein Irrglaube – ein Richter bemerkt kaum, ob ein Hund Barthaare trägt oder nicht, für die Prüfung hat er ohnedies nur kurze Zeit, die er in aller Regel auf die Anatomie des Hundes konzentriert.

Es hat sich eingebürgert, Dobermänner an langen, feingliedrigen Würgehalsbändern vorzustellen. Das Würgehalsband wird dabei nicht als Würger benutzt, es dient in erster Linie, um die Schulterlage zu betonen, vermittelt den Eindruck eleganter Halslinie und eines kurzen Rückens. Die Auswahl der Leine ist weitgehend eine Frage des persönlichen Geschmacks. Die Mehrheit der Aussteller benutzt Nylonleinen, weil sie in der Hand weich, leicht und sehr stark sind.

Unbedingt muß man darauf achten, seinen Hund jederzeit im Ring zu beherrschen. Man muß bereits vorausdenken, was möglicherweise passieren könnte, bereit sein zu reagieren. Man muß auch auf plötzliche Handlungen anderer Hunde vorbereitet sein. Die Mehrzahl der Dobermänner ist sehr liebenswert, im Ring gibt es im allgemeinen wenige Auseinandersetzungen, aber ein einziger lebhafter Hund kann alle anderen aufregen. Im allgemeinen erfordern Rüden mehr Wachsamkeit als Hündinnen.

Ausrüstung

Am besten packt man die gesamte Ausrüstung in eine Ausstellungstasche. Aus Erfahrung lernt man schnell, was man tatsächlich braucht. Im allgemeinen findet man in Ausstellungstaschen folgende Gegenstände:

Ausstellungskette und Leine, Kette für die Ausstellungsbox, weicher Pflegehandschuh oder Leder, Fellspray, Decke für die

Unten: *Wenn der Augenblick des Richtens im Ausstellungsring gekommen ist, ist eine gespannte, aufmerksame Haltung der Wunschtraum.*

Box, Erste-Hilfe-Kasten für den Hund, Lekkerbissen, Handtuch, Erfrischungen für Hund und Führer einschließlich Wasser und Trinkgefäß.

Einige Außenausstellungen können recht kalt werden, deshalb sollte man immer Kleidung mitnehmen, die der Witterung angepaßt ist. In England wird Hunden zuweilen auch Schutzkleidung angelegt, dabei berücksichtigt man, daß es sich um eine kurzhaarige Rasse handelt, die insbesondere bei Regen schnell friert. Immer sollte man sich vor Augen halten, daß der eigene Hund richtig präsentiert werden soll, ohne ihn wäre man gar nicht auf eine Ausstellung gegangen, man möchte ihn gesund und fit halten, um ihn auch in Zukunft immer einmal wieder ausstellen zu können.

Championatsausstellungen und viele der größeren Ausstellungen in England sind mit Boxen ausgestattet, damit hat jeder Hund seine eigene Box, in der er die Ausstellung über nach Möglichkeit untergebracht werden soll. Man braucht eine gute Decke, auf der es sich der Hund gemütlich machen kann, eine Boxenkette, um ihn sicher festzulegen. Dabei muß er auch ein kräftiges Halsband tragen. Nie darf man seinen Hund an einem Würgehalsband anketten, er könnte aus der Box springen und sich selbst erwürgen. Man achte darauf, daß er immer an kräftigem Halsband und an ziemlich kurzer Kette liegt.

Beim Auftritt im Ring muß man die Ringnummer deutlich erkennbar tragen. Man erhält sie entweder am Ausstellungseingang oder im Ring beim Ringordner.

Auf Ausstellungen werden Kataloge ausgegeben, in denen alle Details über jeden Hund erfaßt sind, jede einzelne Klasse mit ihren Wettbewerbern aufgelistet ist. Einen solchen Katalog braucht man am Ausstellungstag, um den Ablauf im Ring zu verfolgen, er ist auch eine gute Informationsquelle zu Hause (besonders die Ausstellungskataloge von Championatsausstellungen), denn man findet Abstammungsnachweise über jeden ausgestellten Hund.

AUSSTELLUNGSTRAINING

Das Vorführen eines Hundes gehört zu den Dingen, die so außerordentlich einfach aussehen, wenn ein Experte den Hund präsentiert. In Wirklichkeit ist die Vorstellung im Ring das Endprodukt vielen Trainings und harter Arbeit. Es kann recht frustrierend sein, denn viele Hunde benehmen sich zu Hause und in den Ausbildungsklassen hervorragend, verhalten sich aber auf einmal nicht nach den Regeln, die man sich im Ring wünscht. Dies ist ein Fall, bei dem Übung den Meister macht – man muß immer und immer wieder trainieren und den Hund vorführen, versuchen zu lernen – und Hund und Führer werden es immer besser können.

Vorführklassen

Möchte man seinen Dobermann ausstellen, ist die Teilnahme an einem Kurs über Hundevorführen empfehlenswert. Ebenso wie Unterordnungskurse gibt es in manchen Hundevereinen auch solche Ausstellungstrainingskurse. Über Einzelheiten muß man sich erkundigen.

Die meisten Kurse werden von Hundevereinen als Serviceleistung nur für ihre Mitglieder veranstaltet. Die Mitgliedschaft ist dabei relativ billig. In aller Regel haben diese Vereine eine eigene Haftpflichtversicherung abgeschlossen, welche Risiken aus Unfällen abdeckt. Viele gestatten auch nur solchen Hunden die Teilnahme an den Lehrgängen, welche nachweislich haftpflichtversichert sind. Im allgemeinen wird für solche Spezialkurse eine zusätzliche Kursgebühr erhoben.

Der Qualitätsstandard solcher Vorführklassen ist weitgehend von der Qualität des Ausbilders abhängig. Im Idealfall ist der Ausbilder in der Lage, den Teilnehmern alles beizubringen, was zur Präsentation des Hundes erforderlich ist. Solche Übungen sind auch zur Sozialisierung des Hundes mit anderen Hunden ideal. Dies ist ein wichtiger Gesichtspunkt, weil gerade der Dobermann sich daran gewöhnen sollte, mit vielen anderen Hunden in einem Ring zu stehen, ohne dabei die anderen zu beachten. Er lernt dabei auch, sich von ihm unbekannten Menschen anfassen zu lassen. Je eher eine solche Erziehung beginnt, um so besser. Praktisch kann man bereits nach der Impfung, also so ab 16 Wochen, mit Junghunden an solchen Ausbildungen teilnehmen. Dabei ist es völlig gleich, ob der Hund anfänglich nur am Ringrand sitzt und beobachtet. Man sollte ihm nicht zu schnell zu viel abfordern, ihn seinen Weg von selbst finden lassen.

Außer der Ringerziehung des Hundes sollte der Dobermann-Besitzer sorgfältig den Rassestandard studieren, seinen Inhalt verstehen lernen. Noch wichtiger ist es, den eigenen Hund ausgiebig zu studieren, seine Vorzüge und Fehler zu erkennen. Dies ist etwas, was die meisten nur durch Erfahrung lernen, durch Beobachtung am Ringrand und im Gespräch mit anderen

Ausstellern. Nur wer Fehler und Vorzüge des eigenen Hundes genau kennt, ist in der Lage, die Vorzüge herauszustellen, die Fehler in der Vorführung in den Hintergrund treten zu lassen. Gerade das ist die wirkliche Geschicklichkeit, die Erfahrung, die im Ring dann eine entscheidende Rolle spielt. Es ist wichtig, daß sich durch schlechtes Vorführen und Unaufmerksamkeit dem Betrachter nicht Fehler zeigen, die der Hund gar nicht hat. Natürlich gibt es auch Fehler, die man im Ausstellungsring nicht verstecken kann, aber es gibt andere, die durch kluges Vorführen um einiges weniger sichtbar werden.

Vorbereitung des Junghundes

Mit der Vorbereitung sollte man eigentlich schon im Alter von sieben Wochen beginnen. Hierbei stellt man den Junghund auf den Tisch, gewöhnt ihn daran, aufgestellt zu werden, stehen bleiben zu müssen. Gerade in diesem Alter sind Welpen durchaus bereit, Disziplin anzunehmen. Natürlich darf man nie übertreiben; immer nur wenige Minuten, dann sehr viel Lob und ein Leckerbissen. Nie darf Ringerziehung zur Strafe werden. Hat der Welpe erst gelernt, Halsband und Leine zu akzeptieren, lehrt man ihn, auf dem Boden „aufgestellt zu werden“. Wenn notwendig stellt man dabei seine Läufe so, daß er ausgewogen auf allen vier Läufen steht. Hierfür benutzt man das Kommando: „Steh, Bleib!“. Die meisten Vorführer haben immer irgendwelche Leckerbissen bei sich, mit denen sie die Aufmerksamkeit des Hundes auf sich konzentrieren – da gibt es die außerordentlich beliebte gekochte Leber, in kleine Stückchen geschnitten. Man kann auch ein Stückchen Käse nehmen, einen Hundekuchen oder irgendetwas anderes, was er mag. Das bringt ihn dazu, sich korrekt aufzustellen, um den Leckerbissen zu gewinnen. Auf diese Art stellt der Hund sich selbst ausgewogen auf, nach vorn ausgerichtet und bleibt an gleicher Stelle stehen. Dies ist die Haltung, die er im Ausstellungsring einnehmen muß, je früher er sie lernt, desto leichter fällt es. Benutzt man im Ring kleine Leckerbissen, sollte man dies sehr diskret tun, keinesfalls darf man Leckerbissen im Ring fallen lassen, dies lenkt andere Hunde ab. Man sollte seinen Hund auch nicht gerade in dem Augenblick füttern, wenn der Richter sein Gebiß prüfen möchte. In der Ausbildungsklasse hat man Gelegenheit, diese Ausstellungsroutine in einer Atmosphäre zu wiederholen, die dem Ringgeschehen gleichkommt, mit der Erregung der anderen Hunde und der Menschen ringsum, mit dem Lärm am Ringrand. Hier hat man auch die Möglichkeit, seinem Hund beizubringen, an loser Leine – ohne sich ablenken zu lassen – auf und ab zu gehen. Beide – Hund und Herr – müssen lernen, flexibel zu werden, alles das zu tun, was man im Ausstellungsring nun einmal braucht. Beginnt man mit dem echten Ausstellen – wenn der Hund sechs Monate alt ist – verlaufen Ausstellen und Training Hand in Hand. In den Ausstellungsklassen hat man die Vorstellungsprobleme überwunden, etwa nicht geradeaus Laufen, Zurückweichen vor Berührung und ähnliches.

DIE KUNST DES AUSSTELLENS

Viele Aussteller sind beim Präsentieren ihrer Hunde sehr nervös. Dies ist eine natürliche Gemütsverfassung, die man aber zu beherrschen lernen muß. Sie kostet den Menschen Schweiß und Unsicherheit, hindert ihn oft daran, seinen Hund optimal vorzustellen. Die Spannung überträgt sich über die Leine auf den Hund, macht auch ihn nervös. Auf diese Art überträgt sich die Anspannung wechselseitig. Mit zunehmender Erfahrung legt sich alle diese Nervosität, der Vorführer sollte sich vor Augen halten, daß ihn eigentlich niemand beobachtet, alle konzentrieren sich auf die vorgeführten Hunde.

Das Aufstellen

Die erste Lektion für den Ausstellungsring ist die Präsentation des Hundes. Das Ziel ist immer, den Hund ausgewogen auf allen vier Läufen aufzustellen, so daß der Richter seinen anatomischen Aufbau genau sieht. In der Regel stellt man den Hund rechts vom Richter auf, steht selbst hinter ihm. Dabei hält man die Leine in der rechten Hand, hält sie ziemlich kurz, so daß sie nicht auf den Boden hängt, sonst könnte man sich darin verfangen. Dann hält man den Hund mit der rechten Hand unter dem Kinn, legt dabei die Finger zart in die Grube zwischen den unteren Kieferknochen. Dadurch hat man die linke Hand frei, um die Läufe des Hundes in die gewünschte Stellung zu bringen und ihm das notwendige Vertrauen zu geben.

Während der Vorführung spricht man ruhig mit seinem Hund, gibt die Kommandos „Steh! Bleib!“, lobt ihn und gibt ihm Sicherheit.

Mit der linken Hand stellt man den am nächsten stehenden Vorderlauf im rechten Winkel zum Boden, denn hebt man den Hund leicht unter dem Kinn mit der rechten Hand, dadurch kann er den zweiten Vorderlauf bewegen, parallel zum ersten stellen. Als nächsten plaziert man den am nächsten gelegenen Hinterlauf, so daß das Sprunggelenk im rechten Winkel zum Boden steht. Nun bewegt man die linke Hand unter den Hund, plaziert den anderen Hinterlauf so, daß er parallel zum ersten steht. Die linke Hand bleibt frei, um erforderlichenfalls die Stellung des Hundes zu korrigieren, ihn zu streicheln, ihm Vertrauen zu geben. Man sollte nie die Hinterläufe überstrecken, sonst erscheint der Hund lang im Körper und überwinkelt in der Hinterhand. Außerdem stehen dann die Vorderläufe zu weit nach vorn, der Hund sieht flachbrüstig aus, weil die Ellenbogen nicht länger dicht an der Brust anliegen.

Man achte darauf, daß die Vorderläufe parallel stehen, die Pfoten weder nach innen noch nach außen gedreht. Man kontrolliere, daß auch die Hinterläufe parallel stehen; man lasse seinen Hund nie kuhhessig stehen, insbesondere wenn dies überhaupt nicht sein Fehler ist. Es ist richtig, nach dem Aufbauen des Hundes vor den Hund zu treten, um zu kontrollieren, daß er geradlinig steht. Steht er schräg, wird er sich wahrscheinlich gerade in dem kritischen Augenblick bewegen, wenn ihn der Richter beobachtet. Es ist immer der Mühe wert, um den ganzen Hund herumzugehen, zu prüfen, was der Richter sehen wird. Hat man den Hund ausgewogen auf allen Läufen aufgestellt, kann man ihn entweder an Kopf und Rute unterstützen (US-Methode), ihn frei stehen lassen oder eine Kombination beider Methoden wählen. Bei einem Junghund ist es wahrscheinlich besser, mit den Händen zu helfen. Dies ist für unerfahrene Hunde ideal, die noch nicht frei stehen gelernt haben. Das Halten an Kopf und Rute ermöglicht, den anatomischen Aufbau zu zeigen, das Bild zu vermitteln, das ein Richter sehen möchte, nämlich eine gerade obere Linie, hohen Rutenansatz, gut zurückgelagerte Schultern und eine elegante Halslinie. Diese Methode empfiehlt sich auch dann, wenn ein Hund kein Interesse an Leckerbissen hat, wenn er zu erkennen gibt, daß er eigentlich viel lieber nicht im Ring wäre, daß ihm die ganze Prozedur „auf den Wekker fällt". Einen solchen Hund sollte man nicht frei stehend vorführen, denn sein Mangel an Aufmerksamkeit ist dann klar zu erkennen, mindert seine Erfolgschancen.

Das „Vorführen an Kopf und Rute" wird im allgemeinen so ausgeführt, daß man den Hund, wie schon beschrieben, aufstellt, dann die Leine in die linke Hand nimmt, mit der rechten Hand den Hund mittels eines Leckerbissens aufmerksam macht. Nun hebt die linke Hand die Rute an, korrigiert Läufe und Pfoten, soweit notwendig. Dabei braucht man den Hund nur sehr wenig zu berühren, man sieht selbst klar das Profil, das sich dem Richter bietet, während gleichzeitig durch das Lokken des Hundes der Eindruck von Freudigkeit und Kooperation vermittelt wird. Hat der Hund einmal gelernt, in dieser Stellung zu verharren, kann man den Körperkontakt auf ein Minimum reduzieren, bis man den Hund schließlich freistehend vorführt. Keinesfalls sollte man die Führleine auf den

Oben links: *Ein deutscher Dobermann, an loser Leine, ausgewogen auf allen vier Läufen stehend. In Amerika und einem Teil Europas sind coupierte Ohren die Norm.*

Links: *Der amerikanische Ch. Star Dobes Irish Fantasy demonstriert die englische Vorführmethode.*

Boden fallen lassen, ganz gleich, wie man seinen Hund vorführt. Der nächste logische Schritt ist, so vor den Hund zu treten, daß man ihm gegenübersteht, ihn aus dieser Stellung durch einen Leckerbissen anreizt. Dabei muß man sorgfältig darauf achten, ob der Hund korrekt an loser, aber kontrollierter Leine steht, daß er immer noch die äußere Linie zeigt, die der Richter sehen möchte. Allzu oft bewirken Aussteller einen wundervollen und interessierten Ausdruck des Hundes, übersehen aber völlig, daß die gesamte Stellung des Hundes falsch ist. Man achte darauf, daß der Kopf nicht zu hoch getragen oder zu stark nach hinten gebogen wird, denn dadurch erweckt der Hund den Eindruck, er habe einen kurzen Hals, steile Schultern und, durchaus möglich, noch eine eingedellte Rückenlinie. Man sollte nicht einfach seinen Hund völlig frei stehen lassen, weil man dies allgemein für die beste Methode hält – man muß sich vielmehr immer wieder vergewissern, daß in dieser Haltung sich der Hund richtig präsentiert. Es ist immer gut, einen Freund zu Hilfe zu nehmen, der kontrolliert, ob der Hund korrekt steht, wenn man ihn im Ring aufgestellt hat.

Man sollte seinem Hund auch beibringen, auf der „falschen Seite“ zu stehen, dabei ist der Kopf links, wenn der Hund vor dem Führer steht. Dies ist wesentlich, denn man muß immer darauf achten, daß, wenn der Richter im Ring auf und ab geht, der Hund zwischen Richter und Führer steht. Es kann Augenblicke geben, wo deshalb der Hund in anderer Richtung aufgebaut werden muß.

Man sollte auch lernen, bei Ausstellungen im Freien den Boden genau zu beachten. Nie darf man seinen Hund so aufstellen, daß er vorne tiefer steht – immer muß er aufwärts aufgestellt werden. Natürlich muß man dabei seinen gesunden Menschenverstand verwenden, bei der Aufstellung des Hundes in der umgekehrten Richtung kann es auch Probleme geben, etwa daß dann zwei Hunde Nase an Nase stehen. Das könnte besonders bei zwei Rüden in einem dichtgedrängten Ring Probleme bringen. Trotzdem muß man immer jede Unebenheit im Boden für seinen Hund nutzen, wenn man den Hund dem Richter vorstellt. Man sollte auch in der Lage sein, den Hund in einer solchen Stellung zu halten. Hat man vorher zu einseitig Schauhaltungen eingeübt, kann sich ein Hund vollkommen verunsichert fühlen, wenn etwas ganz anderes von ihm verlangt wird. Der Hund muß lernen, flexibel zu sein, sich allem anzupassen, was man von ihm verlangt.

Das Richten

Ist der eigene Hund daran, gerichtet zu werden, stellt man ihn ausgewogen vor dem Richter auf, so daß dieser ihn abtasten kann, sein Wesen, Zahnstellung, Anatomie und körperliche Beschaffenheit prüfen. Ein unerfahrener Hund, ein Hund, der zurückschreckt, wenn der Richter ihn anfaßt, wird meist nicht gewinnen, weil der Richter dann annehmen muß, dieser Hund habe ein unsicheres Wesen.

Dauert Ringscheue an, muß man sich sehr anstrengen, dieses Problem zu lösen. Man muß laufend Ringtrainingsklassen besuchen, viele Menschen veranlassen, den Hund anzufassen, das bedeutet nur, daß diese an den Hund herantreten und ihn mit der Hand berühren. Außerdem sollte man beim Vorführen engeren Kontakt zum Hund halten. Kommt der Richter näher, hält man die rechte Hand unter das Hundekinn, faßt mit der linken Hand auf den Hundekopf, hat damit möglichst engen, körperlichen Kontakt. Man gibt seinem Hund das Kommando „Steh! Bleib!“, gleichzeitig stimmliche Ermutigung und viel Lob. Die meisten Hunde, die zurückweichen, tun dies beim Herankommen des Richters, deshalb muß man ihn gerade zu dieser Zeit ruhig halten.

Tastet der Richter die Front des Hundes ab, spricht man beruhigend auf den Hund ein, hält ihn mit den Händen hinter der Schulter, damit man dem Richter nicht in die Quere kommt. Befaßt sich nun der Richter mit der Seite des Hundes, sollte man in die Stellung neben dem Kopf zurückgehen, weiterhin beruhigend Hände und Stimme benutzen. Erst wenn der Richter sich vom Hund weg bewegt, kann man den eigenen engen Körperkontakt zum Hund lockern. Zurückweichen ist bei jungen Hunden nicht selten, kann auf schlechtes Wesen zurückgehen, aber auch auf Nervosität des Vorführers, Unerfahrenheit oder einen übereifrig mit seinen Händen arbeitenden Richter. Junge Hunde haben oft zwischen 9–12 Monaten ihr vorübergehendes „dummes Alter“; dies ist Teil ihres Heranwachsens, im Normalfall löst sich dieses Problem ziemlich schnell. Manchmal zeigt sich aber auch das echte Wesen des Hundes in diesem Alter. Ist das Zurückweichen durch schlechtes Wesen begründet, wird man es nie ganz wegbekommen, aber doch in gewissem Umfange unter Kontrolle halten können. Man muß verschiedene Haltungen im Ring ausprobieren, herausfinden, wie man am besten dem Hund Selbstvertrauen vermittelt.

Oben: *Crufts 1988. Der Dobermann Ch. Sallate Ferris während des Richtens der Working Group, nachdem er Best of Breed gewonnen hat.*

Bewegung

Nach der Überprüfung im Stand verlangt der Richter in der Regel, den Hund in der Bewegung vorzuführen. Gewünscht wird Vorführung im Trab, das sollte man schon zu Hause geübt haben, um sicher zu sein, den Hund dabei stets unter Kontrolle zu haben. Oft hat man nur eine Gelegenheit, darf diese nicht versäumen; man bewegt den Hund in gleichmäßiger Geschwindigkeit an loser Leine auf der linken Seite.

Die Bewegung ist für das Richterurteil sehr wichtig. Dabei möchte der Richter nicht nur sehen, daß sich ein Hund gut bewegen kann, vielmehr zeigt der Bewegungsablauf dem geübten Auge den anatomischen Aufbau. Völlig eindeutig ist, je besser sich ein Hund bewegt, um so besser ist er anatomisch aufgebaut. Viele Fehler, die man im Stand durch sorgfältiges Aufbauen verborgen hat, zeigen sich im Bewegungsablauf des Hundes.

In der Regel beobachtet der Richter den Hund in der Bewegung von vorn und hinten, läßt ihn von sich weg und direkt auf sich zu vorführen. Er sollte auch die Bewegung des Hundes im Profil sehen, deshalb verlangt er entweder die Vorführung im Dreieck, so daß er den Hund von vorn, von hinten und von der Seite sehen kann, oder er läßt ihn im Zirkel rings um den Ring bewegen. Es ist Tradition, den Hund immer an der linken Seite zu führen, man muß aber darauf achten, daß der Hund immer zwischen Führer und Richter ist. Dies kann es erforderlich machen, den Hund auch an der rechten Seite zu führen, deshalb sollte man im Training darauf achten, daß er sich links wie rechts geführt freudig bewegt. Man bewegt den Hund in gerader Linie, sonst kann der Richter nicht kontrollieren, ob der Hund sich von vorn und hinten gesehen frei bewegt. Man führt den Hund immer an loser Leine, um die frei fließende Bewegung des Hundes nicht zu stören. Um den Hund aufmerksam zu machen, sollte man ihn tüchtig anfeuern, unterbrochen von den notwendigen Kommandos, um den Hund zur freien Bewegung anzuhalten.

Nähert man sich der Ecke des Rings, muß man sich rechtzeitig darauf einstellen. Mit der Stimme, notfalls mit der linken Hand, führt man seinen Hund um die Ecken. Wichtig ist, daß dabei der Rhythmus nicht unterbrochen wird. Wenn irgend möglich, sollte man seinen Hund nicht den Ring herauf- und heruntertraben lassen, als wäre dies ein notwendiges Übel, immer sollte man versuchen, etwas Stil und Freude hereinzubringen. Etwas Eleganz ist nie umsonst, Präsentation und Stil zahlen sich für Hund und Führer aus. Es ist besser, beim Vorführen in der Bewegung keinen Leckerbissen in der Hand zu haben, dadurch könnte der Hund seitwärts zur Hand abgelenkt werden, aus der geraden Linie der Bewegung herauszukommen, man nennt das „krebsen" (Krebsgang). Hat der Hund erst einmal mehr Erfahrung, ist dies meist weniger ein Problem. Oft bitten Richter darum, am Ende der Bewegungsvorführung den Hund nochmals frei stehen zu lassen. Dabei ist es dann ganz nützlich, dem Hund den Eindruck zu geben, man habe einen Leckerbissen in der Hand, selbst wenn gar keiner vorhanden ist. Dadurch steht er frei und in interessierter Haltung, spielt mit den Ohren und zeigt die Aufmerksamkeit, die so viele Richter gerne sehen möchten. Man sollte immer überprüfen, ob der Hund relativ korrekt steht, notfalls ihn in eine bessere Haltung bringen, indem man ihn nochmals bewegt.

Paßgang, in den manche Hunde im Ring verfallen, ist meist eine schlechte Gewohnheit. Man muß immer die Bewegung des Hundes beobachten, darauf achten, daß er nicht in Paßgang verfällt. Paßgang ist eine watschelnde Bewegung, bei welcher der Hund seine Läufe parallel bewegt anstatt in der natürlichen Trabgangart mit Abwechslung von linkem Vorderlauf, rechtem Hinterlauf, rechtem Vorderlauf, linkem Hinterlauf. Im Normalfall kann man das „im Paßgang Gehen“ leicht abgewöhnen, hierfür gibt es zwei Methoden. Man tritt mit festem Kommando an, verbunden mit leichtem Leinenruck. Dies führt den Hund mit einem Lauf nach vorne, bringt ihn direkt in Trab. Als Alternative dreht man in enger Volte mit dem Hund um und geht dann wieder vorwärts den Ringrand entlang. Paßgang im Ring hindert den Richter, den Aufbau des Hundes und damit seine Anatomie korrekt zu beurteilen. Er kann dem Hund die Chance zum Gewinn nehmen.

In der Bewegung sollte der Hund angehalten werden, seinen Kopf aufrecht zu tragen, nicht am Boden herumzuschnuppern. Man darf den Hund aber nicht an kurzer Kette mit dem Kopf nach oben ziehen, hierdurch wird die Bewegung der Vorderhand gestört, ist eine ausbalancierte Bewegung nicht möglich. Man muß die korrekte Geschwindigkeit angepaßt an die Hundeanatomie herausfinden. Das Ziel ist eine Geschwindigkeit, bei welcher der Hund sich am freiesten und rhythmischsten vorwärts bewegt.

Nie sollte man junge Hunde im Ring überanstrengen, im Ring sich präsentieren muß immer ein angenehmes Erlebnis für sie sein. Wenn man einen Hund während der ganzen Vorführung immer wieder korrigiert, verliert er oft die Lust, zeigt sich am Ende, wenn der Richter über die Sieger entscheidet, nicht mehr zu seinem Vorteil. Auch für ältere Hunde gilt dies in gewissem Umfange. Man muß sich aber darüber im klaren sein, daß der Richter jederzeit im Ring umherschauen kann, möglicherweise dann den Hund müde herumstehen sieht, dabei ein Bild aufnimmt, daß man ihm ungerne zeigt, zuvor sorgfältig verborgen hat, zum Beispiel enge Front, weiche Rükkenlinie oder niedrigen Rutenansatz. Man sollte auch daran denken, daß manchmal künftige Richter am Ringrand stehen, die alle Hunde beobachten. (Ebenso wahr ist, daß der Richter von den am Ringrand Stehenden seinerseits beurteilt wird – eine Tatsache, die zu viele Richter oft vergessen!)

Preisverteilung

Hat der Richter die einzelnen Klassen beurteilt, werden die Hunde im Ring entsprechend plaziert. In England erfolgt nur eine Plazierung der vier ersten Hunde, jeder dieser Hunde erhält eine Plazierungskarte, meist verbunden mit einem Band oder einer Rosette. Früher wurde zuweilen sogar Preisgeld ausbezahlt, das ist aber über die Jahre sehr selten geworden. Der Aussteller muß wissen, daß die Plazierung erst dann endgültig ist, wenn sie der Richter im Richterbuch eingetragen hat, der einzelne Aussteller die Urkunde in Händen hält. Mancher Aussteller hat schon eine Plazierung dadurch verloren, daß er zu früh mit der Präsentation seines Hundes aufhörte, entspannt seinem Hund erlaubte, teilnahmslos im Ring herumzustehen und Fehler zu zeigen.

Richter werden zuweilen beschuldigt, gegenüber Siegerhunden, Ausstellern, die sie kennen oder Hunden aus bestimmten Blutlinien voreingenommen zu sein. Solche Verdächtigungen gehen sogar so weit, zu unterstellen, der Richter bevorzuge bestimmte Vorführer, weil sie allgemein dafür bekannt sind, immer Sieger zu präsentieren. Allgemein gesehen kann man solche Anschuldigungen als das „Ringside-Gemurmel“ erfolgloser Aussteller betrachten. Das Richten selbst ist fast immer fair – der Aussteller erhält, was er verlangt hat – die Meinung des Richters über seinen Hund. Diese Meinung kann von Ausstellung zu Ausstellung, von Richter zu Richter variieren. Ein Richter vergibt manchmal einen Preis an einen Hund, der zuvor nie plaziert wurde. Ursache dafür kann sein, daß der Hund nunmehr ausgereifter, in besserer Verfassung ist, sich besser zeigt oder ganz einfach seine Wettbewerber schwächer sind. Deshalb sollte es wirklich kein Grund sein zu beschließen, unter diesem Richter nie wieder auszustellen, wenn sich der eigene Hund nicht plaziert.

Aus Erfahrung lernt man, welchen Hundetyp der einzelne Richter bevorzugt, auch Richter haben bestimmte eigene Präferenzen. Es gibt Dobermann-Richter, welche mittelgroße, elegante Hunde besonders gerne mögen, andere wiederum bevorzugen die größeren Hunde, die natürlich auch viel schwerer und substanzvoller

Oben: *Rosetten und Schleifen sind wertvolle Andenken an Ausstellungserfolge. Das Bild zeigt nur einen Ausschnitt der Bänder der Dobermänner aus dem Roanoke Zwinger.*

sind. Solange es sich um die persönliche Interpretation des Rassestandards handelt, hat jeder dieser Richter recht.

Der einzige Weg zur Erkenntnis, ob der eigene Hund dem Ausstellungsstandard entspricht, ist, ihn zur Ausstellung zu melden und abzuwarten, wie er sich plaziert. Man sollte sich dabei nicht auf die Beurteilung nur eines oder zweier Richter verlassen, vielmehr eine übereinstimmende Meinung einer Anzahl von Richtern gewinnen. Ein guter Hund plaziert sich im allgemeinen auf den meisten Ausstellungen, ein schlechter Hund überhaupt nicht. Der Aussteller wird bald feststellen, daß Richten eine recht subjektive Angelegenheit ist. Verliert man an einem Tag, sollte man dem Richter gegenüber nicht zu kritisch sein, man mag nicht mit ihm übereinstimmen, kann aber deshalb nicht behaupten, er habe falsch gerichtet. Man sollte Erfolge mit Freude, Niederlagen mit Anstand hinnehmen.

RASSESTANDARD

Wenn man irgendjemanden fragt, wie ein Dobermann aussehen sollte, erhält man wahrscheinlich zur Antwort, es sei ein großer Hund von elegantem Äußeren, kurzhaarig, schwarz-loh-farben und mit coupierter Rute. Dies mag für eine allgemeine Vorstellung, wie ein Dobermann aussieht, durchaus ausreichend sein, diese Aussage enthält aber keine genaue Information, wie groß der Hund in Wirklichkeit sein sollte, wie seine Kopfform aussehen soll, wie lang oder kurz der Körper ist, es fehlt an jeglichen Details über die einzelnen Körperteile.

Ziel des Rassestandards

Beim Rassestandard handelt es sich um eine genaue Beschreibung aller Einzelheiten. Er zeigt auf, wie ein Dobermann, der im Ausstellungsring in Wettbewerb tritt, aussehen sollte. Man kann den Rassestandard als offizielle Rassebeschreibung ansehen. Im allgemeinen beschreibt der Rassestandard detailliert den idealen Aufbau eines Dobermanns, der diesen in die Lage versetzt, die Arbeit zu verrichten, für die er gezüchtet wurde. Man kann die Bedeutung des Rassestandards überhaupt nicht zu hoch bewerten, er ist Basis des Ziels, an dem Züchter, Aussteller und Richter arbeiten. Ohne Standard würde jedermann seinen eigenen „Ideal-Dobermann" anstreben. Die Dobermann-Rasse, wie wir sie heute kennen, würde aufhören zu existieren.

Rassestandards werden ursprünglich durch die Spezialzuchtvereine aufgestellt und danach – mit oder ohne Änderungen – von der nationalen Rassezuchtorganisation verabschiedet. Das Mutterland einer Rasse bestimmt nach den Regeln der FCI international den Rassestandard. Änderungen können – so notwendig – durchgeführt werden. Eine solche Anpassung des Dobermann-Standards erfolgte nach eingehenden Beratungen durch den „Dobermann Verein (DV)" in Deutschland zu Beginn des Jahres 1990. Diese Neufassung ist in diesem Buch in vollem Wortlaut wiedergegeben.

Aufbau des Standards

Der Deutsche-Dobermann-Standard ist in ein allgemeines Kapitel mit geschichtlichem Überblick und 11 Hauptstandardforderungen aufgeteilt, hinzu kommen zwei Kapitel über Fehler und disqualifizierende Fehler. Im Rassestandard wird jeder Körperteil einzeln kurz beschrieben, seine Form und wie er sich mit den anderen

Körperteilen zum vollendeten Dobermann ergänzt. In Einzelbereichen erfolgt eine sehr exakte Schilderung der Anforderungen, in anderen ist die Ausdrucksweise ziemlich allgemein. In der Neuformulierung wurde versucht, unterschiedliche Interpretationsmöglichkeiten einzuschränken, solche werden aber sicherlich dennoch weiter bestehen. Hierdurch verbleibt den einzelnen Richtern ein kleinerer Spielraum, persönliche Präferenzen herauszustellen, sie sind durch die Formulierung des Standards auf ein möglichst einheitliches Bild ausgerichtet.

Unten: *Schablonierte Zeichnung eines Dobermanns mit Darstellung der wichtigsten Knochen des Skeletts.*
1 Schädel 2 Halswirbel 3 Brustwirbel 4 Lendenwirbel 5 Kreuzwirbel 6 Schwanzwirbel 7 Hüfte 8 Hüftgelenk 9 Oberschenkel 10 Knie (Patella) 11 Wadenbein 12 Schienbein 13 Sprunggelenk 14 Fußwurzel 15 Mittelfuß 16 Zehen 17 Zehen 18 Fußknochen 19 Handwurzel 20 Elle 21 Speiche 22 Brustbein 23 Oberarm 24 Rippen 25 Schulterblatt

Das Skelett
Das Skelett bildet den Rahmen, der den ganzen Hund bestimmt. Da alle Fehler am Skelett zu entsprechenden Fehlern im Aufbau des Hundes führen, ist das Skelett für den Rassestandard von fundamentaler Wichtigkeit. Nicht um Rassestandards zu verstehen, aber um die wechselseitigen Beziehungen der einzelnen Körperteile zu begreifen, bedarf es anatomischer Grundkenntnisse. Natürlich kommt man erst über solche anatomischen Grundkenntnisse und die Betrachtung der Anatomie des Dobermanns zum richtigen Verständnis des Standards.

FCI-Standard Nr. 143
DOBERMANN
Stand 01. 01. 1990
Kurzer geschichtlicher Überblick: Die Dobermannrasse führt als einzige Rasse den Namen ihres ersten bekannten Züchters Friedrich Louis Dobermann (2. 1. 1834–9. 6. 1894). Nach der Überlieferung war er Steuereintreiber, Abdeckereiverwalter und nebenbei städtischer Hundefänger, mit dem gesetzlichen Recht, alle freiumherlaufenden Hunde einzufangen. Zur Zucht paarte er aus diesem Reservoir

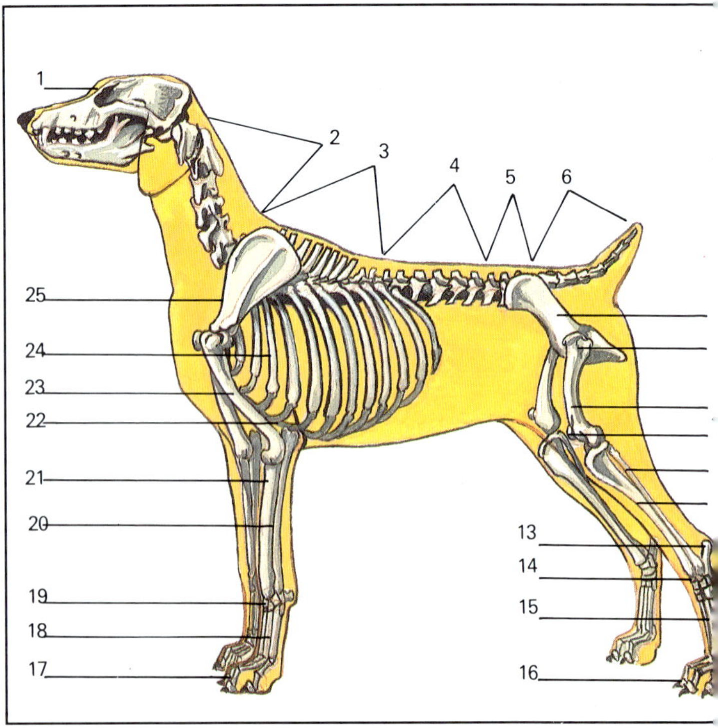

besonders scharfe Hunde. Die bedeutendste Rolle bei der Bildung der Dobermannrasse spielten sicherlich die sogenannten „Fleischerhunde“, die unter den damaligen Verhältnissen schon als eine relativ durchgezüchtete „Rasse“ angesehen werden konnten. Diese Hunde waren eine Art Vorläufer der heutigen Rottweiler, vermischt mit einer Art Schäferhund, der in Thüringen in schwarz mit rostroten Abzeichen vorhanden war. Mit der hier aufgezählten Mischung von Hunden hat Dobermann in den 70er Jahren des vorigen Jahrhunderts gezüchtet. Er erhielt dadurch „seine Rasse“, d.h. Gebrauchshunde, die nicht allein wachsam, sondern auch „mannfeste Hof- und Haushunde“ waren. Sie wurden viel als Hüte- und Polizeihunde eingesetzt. Die zahlreiche Verwendung im Polizeidienst führte damals zu dem Beinamen „Gendarmenhunde“. Bei der Jagd wurden sie überwiegend zur Bekämpfung des Raubwildes benutzt. Unter den hier geschilderten Voraussetzungen war es fast zwangsläufig, daß der Dobermann schon zu Beginn dieses Jahrhunderts als Polizeihund offiziell anerkannt wurde. Die Dobermannzucht erstrebt einen mittelgroßen, kräftigen und muskulös gebauten Hund, der trotz aller Substanz in der Linienführung des Körpers Eleganz und Adel erkennen läßt. Er soll sich als Begleit-, Schutz- und Gebrauchshund sowie als Familienhund in besonderem Maße eignen.

Unten: *Ab dem Jahre 1986 machte der englische Kennel Club das Rutencoupieren zur freiwilligen Angelegenheit, die überwiegende Mehrzahl der Dobermänner wird aber unverändert coupiert.*

Allgemeines Erscheinungsbild

Der Dobermann ist mittelgroß, kräftig und muskulös gebaut. Durch die elegante Linienführung seines Körpers, die stolze und aufgerichtete Haltung, das temperamentvolle Wesen und den Ausdruck von Entschlossenheit entspricht er dem Idealbild eines Hundes der normalen Anatomie.

Wichtige Maßverhältnisse (Proportionen)

Das Gebäude des Dobermanns erscheint fast quadratisch, dies gilt besonders für die Rüden. Die Rumpflänge (Brustbein bis Sitzbeinhöcker) soll die Widerristhöhe bei Rüden um nicht mehr als 5% und bei den Hündinnen um nicht mehr als 10% überschreiten.

Wesen

Die Grundstimmung des Dobermanns ist freundlich friedlich, in der Familie sehr anhänglich und kinderliebend. Gefördert werden ein mittleres Temperament und eine mittlere Schärfe. Weiterhin wird eine mittlere Reizschwelle gefordert. Bei einer guten Führigkeit und Arbeitsfreude des Dobermanns ist auf Schutztrieb, Kampftrieb,

Mut und Härte zu achten. Auf Selbstsicherheit und Unerschrockenheit ist besonderer Wert zu legen. Angepaßte Aufmerksamkeit gegenüber der Umwelt.

Kopf

Oberkopf Kräftig, zum Gebäude passend. Von oben gesehen entspricht der Kopf einem stumpfen Keil. Die Querlinie des Scheitels soll von vorne gesehen annähernd waagrecht verlaufen, also nicht zu den Ohren abfallen. Die parallel in Fortsetzung zum Nasenrücken verlaufende Stirnbeinlinie fällt zum Nacken in leichter Rundung ab. Die Augenbrauenbögen sind gut entwickelt, ohne hervorzutreten. Die Stirnfurche ist noch sichtbar. Das Hinterhauptbein soll nicht auffällig sein. Von vorn und oben betrachtet dürfen die Seitenflächen des Kopfes nicht ausladend (backig) wirken. Die seitliche leichte Wölbung des Oberkiefers und der Jochbeine müssen in Harmonie zur Gesamtlänge des Kopfes stehen. Die Muskeln des Kopfes sind kräftig entwickelt.
Stop Der Stirnabsatz ist gering, aber deutlich erkennbar ausgebildet.

Gesichtsschädel

Nase Nasenkuppe gut ausgebildet, mehr breit als rund und mit großen Öffnungen, ohne insgesamt hervorzutreten. Bei schwarzen Hunden ist sie schwarz, bei braunen und blauen entsprechend mit einer helleren Tönung angepaßt.
Fang Der Fang muß im richtigen Verhältnis zum Oberkopf stehen und kräftig entwickelt sein. Der Fang ist tief, die Mundspalte soll weit bis zu den Molaren reichen. Eine gute Fangbreite muß auch im Bereich der oberen und unteren Schneidezähne vorhanden sein.
Lefzen Sie sollen fest und glatt an den Kiefern liegen und einen straffen Verschluß der Mundspalte gewährleisten. Dunkle Pigmentierung, bei braun und blau etwas hellere Tönung.
Kiefer/Gebiß/Zähne Kräftiger, breiter Ober- und Unterkiefer. Scherengebiß, 42 Zähne entsprechend dem Zahnschema, normale Größe.
Augen Sie sind mittelgroß und oval und von dunkler Farbe. Bei braunen und blauen Hunden ist eine etwas hellere Tönung erlaubt. Gut anliegende Augenlider. Lidrand behaart.
Ohren Das hoch angesetzte Ohr wird aufrecht getragen und ist auf eine Länge im Verhältnis zum Kopf geschnitten. Soweit in einem Land Kupierverbot besteht, wird gleichrangig das unkupierte Ohr anerkannt. (Gewünscht mittelgroß und mit dem vorderen Rand gut an den Wangen anliegend.)

Hals

Im Verhältnis zum Körper und Kopf von guter Länge. Er ist trocken und muskulös. Die Linienführung ist aufsteigend und gefällig gebogen. Seine Haltung ist aufrecht und zeigt viel Adel.

Körper

Widerrist Er soll besonders bei den Rüden in Höhe und Länge hervortreten und dadurch der Rückenlinie den von der Kruppe her ansteigenden Verlauf bestimmen.
Rücken Er ist kurz und fest. Die Rükken- und Lendenpartie sind von guter Breite und gut bemuskelt. Die Hündin kann in der Lendenpartie etwas länger sein, da sie für das Gesäuge Platz benötigt.
Kruppe Sie soll vom Kreuzbein in Richtung Rutenansatz geringgradig, also kaum wahrnehmbar abfallen; wirkt somit gut abgerundet, ist weder gerade noch abfallend. Gute Breite mit starker Muskulatur.
Brust Die Brustlänge und Tiefe muß im richtigen Verhältnis zur Rumpflänge ste-

Unten: *Winkelung und Relationen der Vorderhand. Die Länge der Schulter (A) sollte der des Oberarms (B) gleichen.*

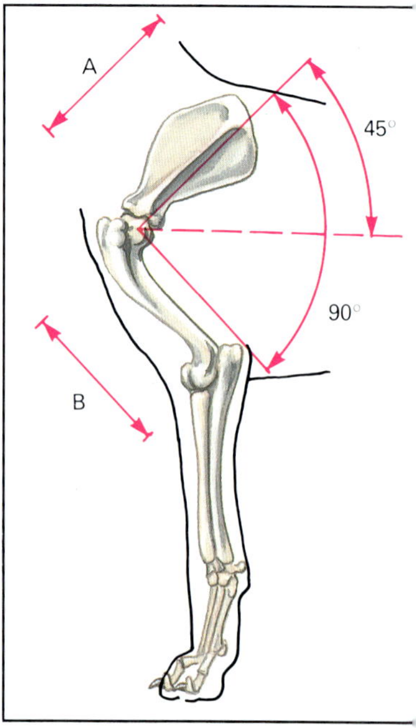

hen, dabei soll die Tiefe mit leicht gewölbten Rippen annähernd die Hälfte der Widerristhöhe erreichen. Die Brust ist von guter Breite und nach vorn besonders ausgeprägt (Vorbrust).

Bauchlinie Vom Ende des Brustbeins zum Becken ist die Bauchdecke deutlich aufgezogen.

Rute Sie ist hoch angesetzt und kurz kupiert, wobei zwei Rutenwirbel sichtbar erhalten bleiben.

Hoden Bei den Rüden müssen beide Hoden, normal entwickelt, sich sichtbar im Skrotum (Hodensack) befinden.

Gliedmaßen

Vorhand

Allgemeines Die Vorderläufe stehen von allen Seiten gesehen fast gerade, d.h. senkrecht zum Boden und sind kräftig ausgebildet.

Schultern Das Schulterblatt liegt fest am Brustkorb an, ist beiderseits der Schulterblattgräte gut bemuskelt und überragt oben die Dornfortsätze der Brustwirbel. Möglichst schräg und gut zurückgelagert, der Winkel zur Waagerechten beträgt ca. 50°.

Oberarm Gute Länge mit guter Bemuskelung, Winkel zum Schulterblatt etwa 105°–110°.

Ellenbogen Gut anliegend, nicht ausdrehend.

Unterarm Kräftig und gerade, gute Bemuskelung. Länge in Harmonie zum Gesamtkörper.

Vorderfußwurzelgelenk Kräftig.

Vordermittelfuß Knochen kräftig, von vorn gesehen gerade, von der Seite nur angedeutete Schrägstellung (höchstens 10°).

Vorderpfoten Die Pfoten sind kurz und geschlossen. Die Zehen sind nach oben gewölbt (Katzenpfoten). Nägel kurz, schwarz.

Hinterhand

Allgemeines Von hinten betrachtet wirkt der Dobermann auf Grund seiner ausgeprägten Beckenmuskulatur in Hüfte und Kruppe breit und gerundet. Die vom Becken zum Ober- und Unterschenkel verlaufenden Muskeln ergeben eine gute Breitenentwicklung auch im Oberschenkelbereich, in der Kniegegend und am Unterschenkel. Die kräftigen Hinterläufe sind gerade und stehen parallel.

Oberschenkel Gute Länge und Breite mit starker Bemuskelung. Gute Winkelung am Hüftgelenk. Winkelung zur Horizontalen etwa 80°–85°.

Unten: *Korrekte Hinterhandwinkelung. Das Sprunggelenk sollte im Winkel 90° zur Grundfläche stehen.*

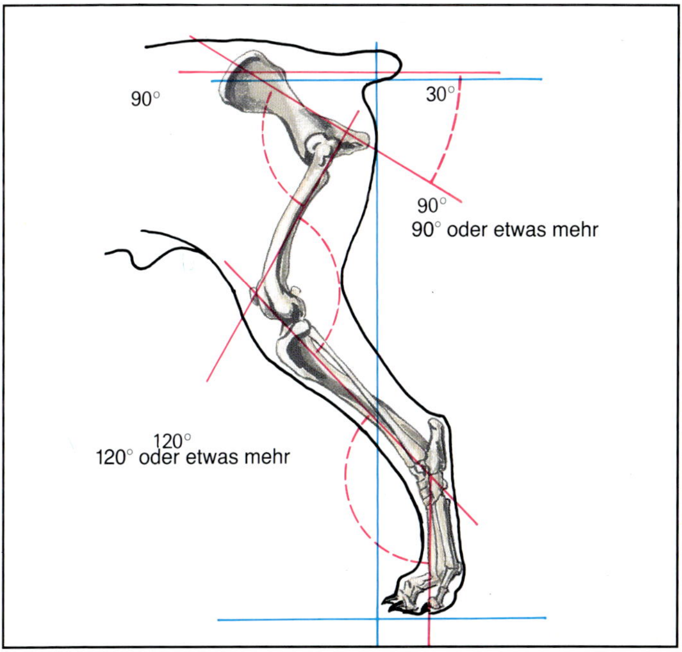

Oben: *Dobermänner in England, USA und auf dem Kontinent sind in ihrer Anatomie weitgehend gleichartig. Der auffallendste Unterschied liegt in den coupierten Ohren.*

Knie Das Kniegelenk ist kräftig und wird vom Ober- und Unterschenkel sowie der Kniescheibe gebildet. Der Kniewinkel beträgt etwa 130°.

Unterschenkel Mittellang, in Harmonie zur Gesamtlänge der Hinterhand.

Sprunggelenk Mittelkräftig, parallel. Die Unterschenkelknochen verbinden sich im Sprunggelenk mit dem Mittelfußknochen (ca. 140°).

Hintermittelfuß Er ist kurz und steht senkrecht zum Boden.

Hinterpfoten Wie die Vorderpfoten sind auch die Zehen der hinteren Gliedmaßen kurz, gewölbt und geschlossen. Nägel kurz, schwarz.

Gangwerk

Das Gangwerk ist sowohl für die Leistungsfähigkeit, wie auch für das Exterieur von besonderer Bedeutung. Der Gang ist elastisch, elegant, wendig, frei und raumgreifend. Die Vorderbeine schwingen möglichst weit vor. Die Hinterhand gibt weitausgreifend und federnd die erforderliche Schubkraft. Er setzt das Vorderbein der einen und das Hinterbein der anderen Seite zugleich vor. Gute Festigkeit des Rükkens, der Bänder und Gelenke.

Haut

Die Haut liegt überall straff an und ist gut pigmentiert.

Haarkleid

Beschaffenheit des Haares Das Haar ist kurz, hart und dicht. Es liegt fest und glatt an und ist gleichmäßig über die ganze Oberfläche verteilt. Unterwolle ist nicht statthaft.

Farbe Die Farbe ist schwarz, dunkelbraun oder blau mit rostrotem, scharf abgegrenztem und sauberem Brand. Der Brand befindet sich am Fang, als Fleck auf den Backen und oberen Augenlidern, an der Kehle, zwei Flecken auf der Brust, an den Mittelfüßen und Pfoten, an den Innenseiten der Hinterschenkel, am After und Sitzbeinhöcker.

Größe/Gewicht

Größe Widerristhöhe Rüden: 68–72 cm, Hündinnen: 63–68 cm, jeweils Mittelgröße erwünscht.

Gewicht Rüden: ca. 40–45 kg, Hündinnen: ca. 32–35 kg.

Fehler

Allgemeines Erscheinungsbild Mangelndes Geschlechtsgepräge. Wenig Substanz, zu leicht, zu schwer, hochgestellt, schwache Knochen.

Kopf Zu kräftig, zu schmal, zu kurz, zu lang, zu viel/zu wenig Stop, Ramsnase, mangelnde Parellelität der oberen Kopflinie, wenig Unterkiefer, rundes oder Schlitzauge, helles Auge, zu starke Backen, Lefzenbildung, offene Maulwinkel, offenes, zu tief liegendes Auge, zu hoch oder zu tief angesetzte Ohren.

Hals Etwas kurz, zu kurz, Kehlhaut, Wamme, Hirschhals, zu lang (unharmonisch).

Körper Rücken nicht fest, abfallende Kruppe, Senkrücken, Karpfenrücken, zu wenig oder zuviel Rippenwölbung, nicht genügend Brusttiefe bzw. -breite, Rücken bzw. insgesamt zu lang, fehlende Vorbrust, zu hoch oder zu tief angesetzte Rute, untere Bauchlinie zu wenig/zu stark aufgezogen.

Gliedmaßen Zu wenig oder zu viel Winkelung der Vor- bzw. Hinterhand, Ellenbogen lose, vom Standard abweichende Lage und Länge der Knochen und Gelenke, zehenenger und zehenweiter Stand, kuhhessiger/faßbeiniger und enghessiger Stand der Hinterhand, offene oder weiche Pfoten, verkümmerte Zehen, helle Nägel.

Haarkleid Zu heller, nicht scharf abgegrenzter, unsauberer (rußiger) Brand, zu dunkle Maske, große schwarze Flecken an den Läufen, kaum sichtbare oder auch zu große Brustflecken. Langes, weiches, glanzloses und welliges Haar sowie haararme und kahle Stellen. Größere Haarwirbel besonders am Körper, sichtbare Unterwolle.

Wesen Mangelnde Selbstsicherheit, zu hohes Temperament, zu hohe Schärfe, Aggressivität, eine zu niedrige oder zu hohe Reizschwelle.

Größe Abweichende Größen vom Standardmaß bis 2 cm sind durch Herabsetzung im Formwert zu ahnden.

Gangwerk Wackeliger, trippelnder, unfreier Gang und Paßgang.

Disqualifizierende Fehler

Allgemeines Ausgesprochene Umkehrung des Geschlechtsgepräges.

Auge Gelbes Auge (Raubvogelauge), verschiedenfarbige Augen.

Gebiß Vorbiß, Zangengebiß, Rückbiß und Zahnunterzahl nach dem Zahnschema.

Hoden Einhoder oder hodenlose Rüden.

Haarkleid Weiße Flecken, ausgesprochen lang- und wellhaarige Hunde, ausgesprochen dünne Behaarung und größere Kahlstellen.

Wesen Ängstliche, scheue, nervöse und übertrieben aggressive Hunde.

Größe Hunde, die mehr als 2 cm von dem Standardmaß nach unten oder oben abweichen.

TEIL II

DOBERMANN-ZUCHT

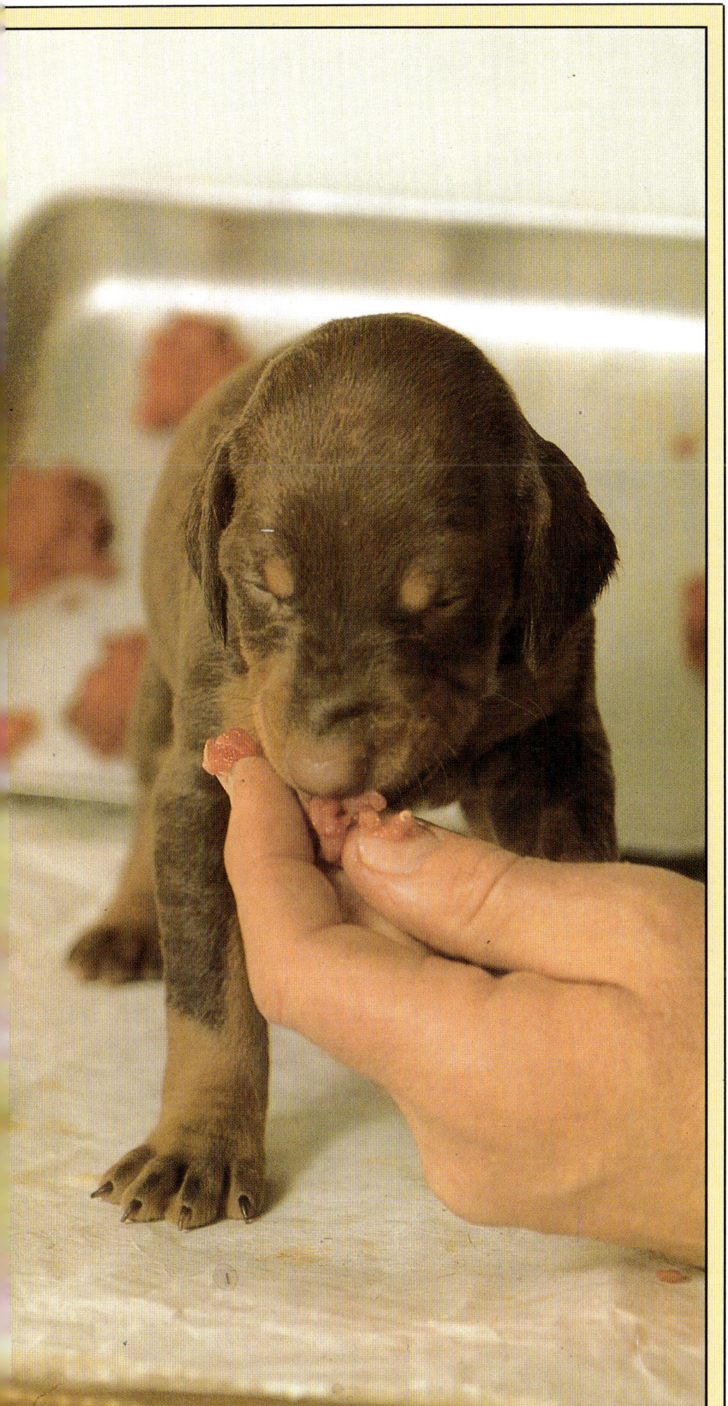

Kapitel eins

PAARUNG UND GEBURT

ZÜCHTEN JA ODER NEIN?

Ehe man sich für das Züchten entscheidet, muß man sorgfältig prüfen, ob es realistische Absatzchancen für die Welpen gibt. Das schnelle Popularitätswachstum des Dobermanns über die letzten Jahre führte zu einer entsprechend stärkeren Dobermann-Zucht. Haben aber andere Züchter bereits Schwierigkeiten, ihre Welpen zu plazieren, könnte es durchaus klüger sein, mit der Zucht nicht zu beginnen. Es gibt nichts Enttäuschenderes als einen Wurf selbstgezüchteter, guter Welpen, die niemand kaufen will. Man sollte auch immer überlegen, zu welcher Jahreszeit die Welpen zur Abgabe bereit stehen. Fällt dieser Zeitpunkt in die Weihnachtszeit oder mitten in die Sommerferien, kann es durchaus vernünftig sein, das Züchten auf einen späteren, günstigeren Zeitpunkt zu vertagen.

Entscheidet man sich, von der eigenen Hündin einen Wurf zu ziehen, muß man sich um eine optimale Welpenqualität bemühen. Dies bedeutet, man muß Welpen züchten, die körperlich erstklassig aufgebaut sind, die ein verläßliches Wesen haben, so daß ihre Käufer stolz auf sie sein können. Ist die eigene Hündin in Körperbau oder Wesen zweitklassig, wird sie aller Wahrscheinlichkeit nach ebenso armselige Welpen hervorbringen, deshalb sollte man sie unbedingt aus der Zucht ausschließen. Menschen, die armselige Würfe aus zweitklassigem Zuchtmaterial produzieren, sind nicht ordentliche Züchter – man sollte sie einfach Vermehrer nennen.

Hat man sich für die Zucht entschieden, muß man darauf achten, niemals die eigene Hündin auszunutzen. Eine Hündin unter zwei Jahren sollte man nie decken lassen, auch keine zwei Würfe in aufeinanderfolgenden Hitzen züchten, es sei denn, der erste Wurf wäre sehr klein gewesen – drei Welpen oder weniger. Die meisten Rassezuchtvereine verlangen von Wurf zu Wurf einen Abstand von 12 Monaten, das ist auch sehr vernünftig. Nie sollte man noch mit einer Hündin züchten, wenn sie sieben Jahre alt geworden ist – und keinesfalls sollte man mit einer Hündin gleich welchen Alters züchten, wenn sie sich nicht in erstklassiger Zuchtkondition befindet.

AUSWAHL DES DECKRÜDEN

Hat man sich für die Zucht entschlossen, muß man den richtigen Zuchtrüden suchen. Dies ist eine außerordentlich wichtige Wahl, sie entscheidet darüber, wie die Welpen in Anatomie und Wesen sein werden, es bedarf sorgfältiger Überlegung.

Linienzucht wird häufig als optimal bezeichnet, hierunter versteht man die Paarung der eigenen Hündin mit einem Rüden aus derselben Familie, möglicherweise mit dem Großvater, einem Halbbruder oder einem anderen Rüden aus der engeren Verwandtschaft der Hündin. Die Theorie besagt, daß die Paarung naher Verwandter die genetischen Eigenschaften doppelt, hieraus eine dominante Zuchtlinie entsteht. Die Chancen steigen, einen Wurf von Welpen zu züchten, die im Typ einander sehr ähnlich sind, untereinander wie zu ihren Eltern. Aber eine solche Linienzucht ist nur dann möglich, wenn es tatsächlich einen passenden Rüden gibt und dieser Rüde auch allen qualitativen Anforderungen entspricht.

Eine solche Linienzucht wäre offensichtlich schlecht, wenn Rüde wie Hündin die gleichen Fehler aufweisen, denn diese würden natürlich auf die Welpen übertragen. Hat der Rüde ein unerwünschtes Merkmal, sollte man ihn meiden, denn man möchte sich ja in die eigene Zucht keine Fehler hereinholen.

Sehr enge Linienzucht – in der Fachterminologie Inzestzucht – erfolgt zwischen Bruder und Schwester, Eltern und Kindern. Anfänger sollten solche Paarungen tunlichst meiden, sie sind ausschließlich Sache sehr erfahrener Züchter mit detailliertem Wissen über die Vorfahren der Hunde. Man muß absolut sicher sein, daß es bei diesen Vorfahren keine unerwünschten Eigenschaften gab, die durch eine solche Paarung sichtbar und gefestigt würden.

Die Alternative zur Linienzucht ist das Auskreuzen, dabei gibt es in den Ahnentafeln der Zuchttiere kaum einen oder keine weit hinten stehenden gemeinsamen Ahnen. Eine solche Auskreuzung bietet die Gelegenheit, alle verfügbaren Zuchtrüden in Erwägung zu ziehen, den Rüden auszusuchen, den man für die erwünschte Qualität des Wurfes als optimal ansieht. Häufig entscheidet man sich zur Auskreuzung in der Hoffnung, Welpen von höherem Qualitätsstandard als die eigene Hündin zu züchten. Auskreuzungen haben aber auch ihre Gefahren, führen im allgemeinen zu recht unterschiedlichen Welpen in einem Wurf. Möchte man Welpen, die ihrer Mutter gleichen, sollte man einen Rüden ähnlichen Typs wählen.

Auswahl des Zuchtrüden

Niemals sollte man einfach den „Hund des Nachbarn" nehmen, selbst wenn die Deckgebühr billig, die Entfernung sehr kurz ist. Es geht nicht um den nächstwohnenden, sondern um den am besten zur Hündin passenden Rüden. Bei der Prüfung jedes Zuchtrüden studiert man sorgfältig dessen Ahnentafel, wobei die Qualität seiner Vorfahren von großer Bedeutung ist. Es gibt ganz ordentlich aussehende Rüden, die aber wenig geplanter Zucht über mehrere Generationen entstammen. Bei solchen Rüden besteht die Wahrscheinlichkeit, daß der Typ ihrer Welpen in den verschiedenen Würfen weit streut. Man hüte sich auch, einen gerade in Mode stehenden Rüden oder den ständigen Ausstellungssieger zu wählen, wenn man nicht sicher ist, daß er aus erstklassigen Vorfahren stammt, Welpen von guter Qualität bringt. Die besten Welpen erhält man im allgemeinen vom gut durchgezüchteten, gesunden Rüden, gleich ob er auf Ausstellungen ganz vorne oder etwas weiter hinten steht. Zuweilen muß man bei der Auswahl des Zuchtrüden noch andere Faktoren in Erwägung ziehen, etwa daß man eine bestimmte rezessive Farbe bei seinen Welpen anstrebt, hierdurch wird die Auswahl entsprechend kleiner. Grundsätzlich ist es unklug, auf Kosten der Qualität rein auf Farben zu züchten – normales Zuchtziel ist beides, Zucht auf Qualität und gute Farben.

Ist man mit den verschiedenen Rüden und ihrer Blutführung nicht vertraut, sollte

Unten: *Zur Vermeidung möglicher Geburtsschwierigkeiten muß die Hündin schon vor der Paarung in erstklassiger Verfassung sein.*

man einige größere Hundeausstellungen besuchen, die gezeigten Hunde sorgfältig studieren. Außerdem gibt es eine Anzahl von anerkannten Zwingern, die über mehrere gesunde Zuchtrüden verfügen, die oft aus vielen Generationen sorgfältiger Zuchtwahl stammen. Solche Zwinger sollte man einmal persönlich aufsuchen, sich das Zuchtmaterial sorgfältig ansehen.

Anfänger tun gut daran, bei erfahrenen Züchtern oder den Zuchtwarten der Zuchtvereine Rat zu suchen, hierdurch wird die eigene züchterische Leistung in keiner Weise geschmälert.

Hat man diese wichtige Entscheidung getroffen, sollte man sich rechtzeitig mit dem Besitzer des Zuchtrüden in Verbindung setzen, die Einzelheiten der beabsichtigten Paarung festlegen. In der Regel wird der Rüdenbesitzer sich gerne selbst einmal die Hündin ansehen, möchte Näheres über ihre Abstammung wissen, ein persönlicher Besuch mit der Hündin ist empfehlenswert. Besteht Übereinstimmung, sollte man anhand früherer Aufzeichnungen den voraussichtlichen Hitzetermin bereits mitteilen, auch eine Vereinbarung über Deckgebühr und alle weiteren Einzelheiten treffen.

Deckgebühr

Nach internationalem Zuchtreglement wird die Deckgebühr am Decktag nach dem Decken sofort an den Rüdenbesitzer bezahlt. Vorsicht bei der Vereinbarung von Spezialregelungen, etwa Abgabe eines Welpen als Deckgebühr – möglicherweise erster Wahl. Solche Vereinbarungen führen häufig zu späteren Problemen (etwa wenn nur ein Welpe geboren wird), werden auf lange Sicht oft teurer als das normale Deckgeld, das in der Regel beim halben Welpenpreis liegt. Deckgebühren variieren von Land zu Land beträchtlich.

Die Deckgebühr ist die Bezahlung für den Deckakt selbst, hängt in keiner Weise von den Ergebnissen der Paarung ab. Es besteht keinerlei Anspruch auf Rückzahlung, wenn die Hündin leer bleibt, es ist allerdings allgemeine Übung, daß in einem solchen Fall bei der nächsten Hitze die Hündin kostenlos nochmals gedeckt werden kann. Aber auch hierauf besteht kein zwingender Anspruch. Man sollte eine entsprechende Klarstellung bereits bei der Vereinbarung der Deckgebühr treffen.

Hat man sich einmal für eine bestimmte Paarung entschlossen, sollte man diesen Weg zu Ende gehen. Zu gegebener Zeit wird der daraus entstandene Wurf zeigen, ob die Entscheidung richtig oder falsch war.

DIE ZUCHTHÜNDIN

Hündinnen werden in der Regel in Intervallen von sechs Monaten heiß, die einzelne Hitze dauert etwa 21 Tage. Bisher ist noch nicht genau bekannt, was die Hitze einer Hündin auslöst, man hält Licht und Temperaturen für wichtige Faktoren. Es gibt Zeiten, zu denen eine beträchtliche Anzahl von Hündinnen verschiedener Rassen früher oder später als erwartet gleichzeitig ihre Hitze haben. Eine Reihe von Hündinnen wird nur einmal jährlich heiß, bei anderen tritt die Hitze alle vier Monate auf. Solche Hündinnen bedürfen für das Zuchtprogramm sorgfältiger Beobachtung und Kontrolle.

Zyklus der Hündin

Am Anfang des Zyklus' einer Hündin steht das Hormon Oestrogen. Steigt der Oestrogenspiegel, wird hierdurch innerhalb weniger Tage die Hitze ausgelöst. Mit Beginn der Hitze vergrößert sich die Scheide, tritt Blutung auf, von nun an wird die Hündin für Rüden interessant. Die Attraktivität der Hündin für Rüden wird durch häufiges Urinieren verstärkt, der Urin enthält einen Geruch, der ihnen eindeutige Hinweise gibt. Hündinnen sind während ihrer Hitzeperiode erregbarer, deshalb muß man bei gemeinsamer Haltung mehrerer Hündinnen diese sorgfältig überwachen; hinzu kommt natürlich die zwingende Notwendigkeit, die Hündin während der gesamten Hitzeperiode von allen Rüden zu trennen.

Neben der Vergrößerung der Gebärmutter löst der erhöhte Oestrogenspiegel in Uterus und Vagina verstärkte Blutzufuhr aus. Dabei reißen die kleinen Blutgefäße innerhalb der Vagina auf. Dies ist Ursache des charakteristischen, mit Blut versetzten Ausflusses, der anzeigt, daß eine Hündin heiß ist. Der erste Tag dieses Ausflusses wird allgemein als der erste Tag der Hitze gerechnet. Man muß sorgfältig aufpassen, diesen Zeitpunkt mitzubekommen, denn eine Reihe von Hündinnen ist sauber und leckfreudig, kann hierdurch die erste Blutung über mehrere Tage verbergen. Gelegentlich tritt bei einer Hündin auch eine sogenannte „trockene" oder klare Hitze auf, mit nur ganz wenig oder ohne jeden Ausfluß. Eine solche Erscheinung an sich ist kein Hinweis für eine Erkrankung oder Abnormalität, solche Hündinnen bringen völlig normale Würfe, vorausgesetzt sie werden am richtigen Tag gedeckt.

Etwa am 10. Tag der Hitze fällt der Oestrogenspiegel, ein anderes Hormon, das Progesteron, steigt. Hierdurch wird die

Scheide wieder weicher, öffnet sich, so daß die Hündin auch körperlich den Rüden nunmehr empfangen kann. Zur gleichen Zeit setzt der Eisprung (Ovulation) ein. Das Ziel des Züchters ist es, die Hündin zum Zeitpunkt der stärksten Ovulation – oder ganz kurz davor – zu paaren.

DIE PAARUNG

Es ist alleinige Aufgabe des Hündinnenbesitzers, den richtigen Tag für die Paarung zu bestimmen; die Verantwortung des Deckrüdenbesitzers beschränkt sich darauf, für die tatsächliche Paarung der Hündin zu sorgen. Das Erkennen des „richtigen Tages" – also des Tages, an dem der Eisprung erfolgt, die Hündin paarungsbereit ist, kann sich als recht schwierig erweisen. Bei Dobermännern liegt dieser Zeitpunkt in der Regel zwischen dem 10. und 13. Tag, sie können aber auch bereits am zweiten Tag und möglicherweise bis zum 20. Tag paarungsbereit sein. Nur wenn eine Hündin bei Paarungen an den üblichen Tagen nicht aufnimmt, lohnt es sich, es bei der nächsten Hitze um einiges früher oder später zu versuchen. Tatsache ist, daß viele angebliche Fälle von Unfruchtbarkeit einer Hündin ganz einfach mit einem falschen Paarungstermin zusammenhängen. In solchen Fällen sind Versuche mit anderen Deckterminen bei weitem einer Hormonbehandlung vorzuziehen, Hormonbehandlungen sind immer so etwas wie ein „letzter Versuch". Umfangreiche Informationen enthält das im gleichen Verlag erschienene Buch „Die Technik der Hundezucht" von Dr. D. Fleig.

Richtiger Decktag

Es gibt drei Hauptanzeichen, um den richtigen Decktermin zu erkennen. Der wichtigste Hinweis besteht in der Reaktion der Hündin, wenn man ihr mit der Hand über den Rücken im Bereich der Rute streicht. Ist sie deckbereit, stellt sie die Rute deutlich zur Seite. Weitere Hinweise sind das Weicherwerden der Scheide, stärkeres Öffnen; im allgemeinen verfärbt sich der Ausfluß von einer leuchtend blutroten Farbe zu blassem, strohfarbenem Ausfluß. Keiner dieser Indikatoren ist allerdings unfehlbar, man sollte sich nie alleine darauf verlassen. Einige Hündinnen stellen die Rute über die gesamte Hitze zur Seite, andere wiederum haben bis zum Ende der Hitze starken roten Ausfluß. Auch dies wiederum ist kein Anzeichen einer Unregelmäßigkeit, hat keinerlei Auswirkung auf die Fruchtbarkeit der Hündin. Es ist allgemein üblich, die Hündin zum Rüden zu führen, auf eigenem Territorium decken Rüden im allgemeinen erfolgreicher. Natürlich hat ein erfahrener Zuchtrüde in der Regel genügend Selbstbewußtsein, seine Aufgabe in nahezu jeder Umgebung zu erfüllen – so habe ich persönlich eine Paarung zwischen zwei Hunden beobachtet, die auf einer Hundeausstellung Box an Box lagen.

Am besten läßt man seine Hündin in einem Abstand von 48 Stunden zweimal decken. Hierdurch wird ein größerer Bereich der Hitzeperiode der Hündin abgedeckt, die Chance beträchtlich vergrößert, den Tag der stärksten Ovulation einzubeziehen.

Aber die Bezahlung des vereinbarten Deckgeldes gibt kein automatisches Recht auf zwei Paarungen. Auch dieses sollte man bereits von vornherein mit dem Rüdenbesitzer vereinbaren und regeln.

Erweckt die Hündin den Eindruck, sich dem Rüden schon vor dem 10. Tag zu stellen, sollte man sie früher decken lassen, denn dadurch ist der folgende Teil der Hitze immer noch abgedeckt. Im übrigen ist es möglich, daß ihre frühe Bereitschaft nur dokumentiert, daß der Hündinnenbesitzer den tatsächlichen Beginn der Hitze übersehen hat.

Beim Deckrüden

Vor der Paarung muß man stets seine Hündin nochmals bewegen, sicherstellen, daß sie sich gelöst hat, aber möglichst nicht auf dem Territorium des Deckrüden. Er müßte noch lange Zeit nach der Abfahrt der Hündin mit dem Geruch leben.

Die Paarung sollte sorgfältig vorbereitet erfolgen, um erfolgreich das „Hängen" zu erreichen, dabei die Hündin so wenig wie möglich aufzuregen. Für die Laien mag dies wie eine organisierte Vergewaltigung aussehen, aber es ist in Wirklichkeit die freundlichste und erfolgreichste Art, das gewünschte Ergebnis zu erreichen. Das Konzept, Rüden und Hündin frei im Garten herumlaufen zu lassen, um sich nach natürlichem Liebesspiel zu paaren, ist außerordentlich attraktiv, aber meistens völlig unrealistisch.

Auch zu dieser Frage empfiehlt der Verlag das Fachbuch „Die Technik der Hundezucht" für ergänzende Informationen.

Im allgemeinen verlangt der Rüdenbesitzer, daß der Hündin vor der Paarung ein Maulkorb angelegt wird. In Ermangelung eines Maulkorbs kann man auch eine Hundeleine oder festes Verbandmaterial um den Fang binden, danach um den Hals führen, dadurch erhält man einen ganz einfachen, aber wirksamen Maulkorb. Im allgemeinen braucht man eine solche Vorsichtsmaßnahme nur bis zum richtigen „Hängen", man will dadurch erreichen, daß die Hündin nicht aufgrund des ungewohnt Neuen aggressiv reagiert.

Am besten führt man die Paarung an einem geeigneten, abgeschlossenen Platz durch, zum Beispiel in der Garage, das hängt von den Umständen ab. Für den Rüden ist es besser, wenn er immer an der gleichen Stelle deckt. Dabei sitzt der Hündinnenbesitzer in der Regel auf einem Stuhl oder steht vor der Hündin und hält sie vorne ruhig, der Rüdenbesitzer kümmert sich um das Hinterteil und bietet seinem Rüden die Hilfe, die er brauchen könnte. Ein vernünftig geleiteter Rüde braucht nur sehr wenig oder überhaupt keine Hilfe.

Der Rüde besteigt die Hündin, hat er das Glied in die Scheide eingefahren, kommt es zum „Hängen", das zwischen 12 und 30 Minuten dauert, 20 Minuten ist etwa die Normalzeit. Diese Zeit über müssen Rüde wie Hündin ruhig gehalten werden, man unterbindet alle Versuche der Hündin, sich aufgrund der Erregung oder aus der Beengung heraus loszureißen. Kurz nach dem Eindringen des Rüden wird das Sperma übertragen, dies bedeutet, daß es möglicherweise auch ohne „Hängen" zur Befruchtung führt, allerdings ist die Wahrscheinlichkeit geringer. Ohne „Hängen" sollte man nach Möglichkeit die Paarung wiederholen. dies führt dann meist zum Erfolg. Nach dem Übertragen des Spermas folgt eine Flüssigkeit, die aus der Prostatadrüse des Rüden stammt, sie spült das Sperma durch die Gebärmutter in die Eileiter. Hat ein Rüde viel Prostataflüssigkeit, fließt einiges davon nach dem Hängen wieder aus der Scheide. Dies spielt keine Rolle, man sollte nicht versuchen es zu stoppen.

Am Ende der Paarung ist die Hündin in aller Regel im Zustand großer Erregung, man sollte sie ruhigstellen, ihr gut zureden, bis sie sich wieder beruhigt hat. Man muß sie auch nach dem Decken unbedingt von allen anderen Rüden separieren, eine zweite Paarung mit einem anderen Rüden könnte zu einem gemischten Wurf führen, der zwei Väter hat. Solche Würfe werden im allgemeinen nicht eingetragen, führen zu vielen Problemen, insbesondere eben dazu, daß keine Ahnentafeln ausgefertigt werden können.

Tragedauer

Bei Hunden gleich welcher Rasse beträgt die Tragezeit 63 Tage, die Welpen sollten also ungefähr 63 Tage nach dem Decktag geboren werden. Die meisten Dobermann-Würfe werden zwischen dem 61. und 63. Tag geboren, zuweilen kommt die Geburt aber auch schon früher, etwa am 58. oder 59. Tag. Man sollte deshalb bereits ungefähr eine Woche vor dem normalerweise errechneten Wurftag auf eine mögliche Entbindung vorbereitet sein. Überfällige Würfe bereiten im allgemeinen größere Sorgen. Obwohl hier auch eine gewisse Toleranz besteht, ist es sicherlich ein Grund zur Beunruhigung, wenn bis zum 65. Tag nichts erfolgt ist. Tierärztliche Untersuchung wird empfohlen.

TRAGEZEIT

Im allgemeinen kann man bis zu drei Wochen nach der Paarung nicht mit Sicherheit sagen, ob sie erfolgreich war. Tatsächlich kann bei einigen Dobermannhündinnen mit kleinen Würfen der Unterschied zwischen einem kleinen Wurf und Scheinträchtigkeit nicht mit Sicherheit festgestellt werden. Drei Wochen vor dem Wurf jedoch gibt es vier Hinweise zur Beantwortung der Frage nach der Trächtigkeit. Die Zitzen haben sich vergrößert, treten stärker als normal heraus; die Scheide ist weich und offen geblieben, anstatt sich normal zusammenzuziehen; der Appetit kann größer als normal sein; man beobachtet Verhaltensänderungen seiner Hündin im Alltagsleben, etwa daß sie bedächtig ihre Couch besteigt, anstatt heraufzuspringen. Vor sechs Wochen zeichnet sich die Trächtigkeit kaum durch größere Leibesfülle ab.

Einige Tierärzte können durch Palpation etwa 21 Tage nach der Paarung Trächtigkeit feststellen, hinzu kommt die Möglichkeit der Ultraschalluntersuchung, Näheres wiederum findet man im Fachbuch.

Nach meiner Erfahrung halte ich es für überflüssig, überhaupt während der Trächtigkeit einen Tierarzt zu befragen, solange sich keine Krankheitssymptome zeigen. Man läßt am besten die Dinge in Ruhe auf sich zukommen. Trägt sie tatsächlich, merkt man es noch früh genug, um alle notwendigen Vorbereitungen zu treffen.

Aber auch wenn man die Hündin während der Trächtigkeit dem Tierarzt nicht vorstellt, ist es trotzdem richtig, ihn über den voraussichtlichen Wurftag zu unterrichten, sich zu vergewissern, daß er notfalls zur Hilfe bereit steht. Tierärzte stehen bei allen Geburtsschwierigkeiten gerne zur Hilfe bereit, sie schätzen es aber nicht besonders, mitten in der Nacht zu einer Geburt gerufen zu werden, wenn sie zuvor keine Ahnung von dieser Möglichkeit haben. Das ist ganz einfach eine Frage der Höflichkeit wie der guten Beziehung zum Tierarzt. Man muß sich auch im klaren sein, daß der Tierarzt selbstverständlich gerne den Züchter berät, aber in aller Regel nicht die ganze Nacht über bei der Geburt dableiben und entbinden kann. Dies ist etwas, was der Züchter selbst tun muß. Man sollte auch wissen, daß viele Tierärzte wenig Erfahrung in Hundezucht und Hundegeburten haben; ihre Ausbildung bezieht sich in der Regel auf die Behandlung kranker Tiere.

Schutzimpfungen

Es gibt unterschiedliche Auffassungen über Schutzimpfungen, insbesondere hinsichtlich Parvovirose, ob die Hündin überhaupt nach der Paarung noch geimpft werden sollte. Ein solche Schutzimpfung gibt der Hündin einen hohen Immunitätsgrad, durch den auch die Welpen hohen Antikörperschutz erhalten. Dies mag ein recht begehrenswertes Ziel sein, kann sich aber auch negativ auswirken. Im allgemeinen werden die Welpen selbst mit 12 Wochen schutzgeimpft, denn in diesem Alter ist normalerweise der mütterliche Antikörperbestand aufgebraucht, dadurch geht die eigene Schutzimpfung gut an. Ist jedoch der durch die Mutter übermittelte Antikörperbestand zu hoch, hält er über die ersten 12 Wochen noch an. Das kann dazu führen, daß die Schutzimpfung nicht anschlägt. Dieses Riskiko ist besonders beim Dobermann hoch, bei ihm bleibt häufig bis zum Alter von sechs Monaten ein genügend hoher Parvovirose-Antikörperbestand erhalten, dadurch sind dann die ersten Eigenimpfungen erfolglos. Der einzige sichere Weg, den Antikörperbestand zu ermitteln, besteht zwei Wochen nach der Impfung im Bluttest mit Ermittlung der Antikörper. Es bedarf weiterer Impfung, bis der erforderliche Antikörperbestand erreicht wird.

Nach meiner Meinung ist es deshalb besser, eine Hündin ab drei Monate vor der Paarung und während der Schwangerschaft nicht zu impfen. Die Welpen bekommen angemessenen Antikörperschutz, sind aber im Alter von 12 Wochen normal aufnahmefähig für die eigene Impfung.

Ist man allerdings der Auffassung, daß ein konkretes Risiko besteht, daß die Welpen schon im frühen Alter Parvovirose ausgesetzt sein könnten, ist es sicherlich richtig, die Antikörper zu verstärken. Man muß aber in diesem Fall die Käufer der Welpen warnen, sie dürfen dann nicht bei einer Impfung mit 12 Wochen erwarten, sie hätten ihre Jungtiere auf Dauer angemessen geschützt. Tierärztliche Konsultation wird empfohlen.

Unten: *Die Embryonen liegen in beiden Gebärmutterhörnern, wo sie bis zur Geburt heranwachsen.*

In den Gebärmutterhörnern liegende Embryonen

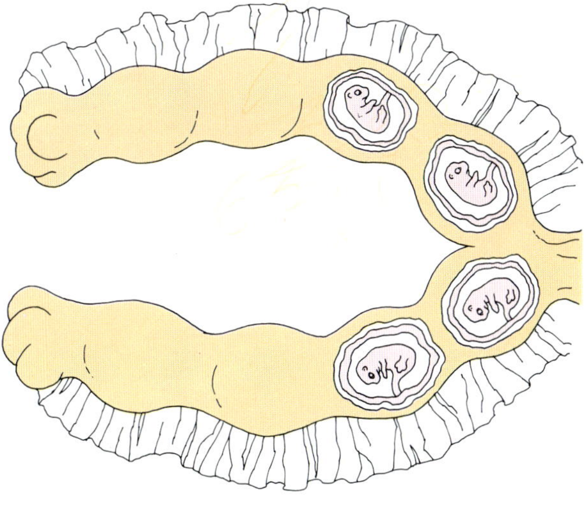

Entwurmung

Eine Hündin, die in sechsmonatigen Intervallen entwurmt wurde, ist höchstwahrscheinlich nicht von aktiven Spulwürmern befallen. Trotzdem ist es richtig, kurz vor der Paarung eine Hündin zusätzlich zu entwurmen, um Wurmfreiheit sicherzustellen. Aber selbst eine Hündin, die nicht aktiv befallen ist, könnte durch den Blutkreislauf inaktive Wurmlarven über die Plazenta auf ihre Welpen übertragen.

Bewegung

Während der ersten drei Wochen der Schwangerschaft sollte für die Hündin alles völlig normal weiterlaufen, sowohl was die Fütterung als auch den Auslauf angeht. Sie darf sich frei bewegen, laufen soviel sie mag, sollte aber nicht gezwungen werden, mehr zu tun. Bewegung ist aber immer wichtig, um die Hündin in guter Verfassung zu halten. Eine fette, plumpe Hündin mit schwacher Muskulatur hat im allgemeinen viel größere Geburtsprobleme als eine Hündin in fester Kondition. Man muß aber darauf achten, nicht zu übertreiben, denn eine magere Hündin hat zum Aufziehen der Welpen weniger körperliche Reserven. Man kann eine Hündin nicht erst nach der Paarung in gute körperliche Verfassung bringen, da ist es viel zu spät – die gute körperliche Verfassung muß bereits vor der Paarung erreicht sein. Noch besser ist es allerdings, wenn man seine Hündin immer in guter Kondition hält. Eine Hündin, die nicht in Spitzenkondition ist, sollte nicht gepaart werden.

Die letzten Wochen

Etwa ab der 6. Woche entdeckt man meist, daß sich die Flanken der Hündin ausfüllen. Ab diesem Stadium entstehen mütterliche Formen, wird die Hündin allgemein ruhiger. Trotzdem kann man nicht völlig sicher sein, ob sie trägt oder nicht, noch immer ist es Vermutung. Aber zwischen 6 und 8 Wochen zeigt eine Hündin im allgemeinen an ihren Körperformen, daß sie einen Wurf erwartet. Nicht nur die Flanken füllen sich weiter aus, sondern auch die untere Linie senkt sich ab. Danach sollte man schon ziemlich klar erkennen, ob ein Wurf erwartet wird oder nicht.

Zwischen drei und sechs Wochen hat man seine Hündin angemessen bewegt, jetzt aber ist es wichtiger, die Bewegung sorgfältig einzuteilen. Dies bedeutet, daß man sie überwachen muß, ihr nicht mehr gestatten sollte, über längere Zeit umherzutoben. Man sollte auch versuchen zu verhindern, daß sie gegen irgendwelche festen Gegenstände prallt, dadurch eventuell ihre Welpen schädigen oder gar verlieren könnte. Ab der 6. Woche sollte man der Hündin erlauben, sich weniger zu bewegen. Sie wird soviel tun, wie sie nötig hat, möglicherweise nur im Garten spazierengehen.

Fütterung

Bis zur 5. Woche bleibt die Fütterung völlig normal. Dann sollte man die Futtermenge von ursprünglich etwa 1 kg täglich auf etwa 1,3–1,5 kg steigern. Füttert man Fleisch und Zeralien, sollte der Proteingehalt gesteigert, die Kohlehydrate reduziert werden, so daß man ungefähr auf ein Verhältnis 50:50 gelangt. Die vermehrte Proteinaufnahme kann man am besten durch mehr Fleisch, Eier, Milch und Käse erreichen. Unbedingt sollte man zuviel Milchfütterung vermeiden, weil dies leicht zu Durchfall führt; besser verdaut werden Quark und Joghurt, auch Rührei kann vermehrt gefüttert werden.

Man sollte nicht zuviel Ballaststoffe füttern, sie füllen nur den Magen, was zu Druck auf die vergrößerte Gebärmutter führt, der Hündin damit Beschwerden macht. Ist die Hündin zum Ende der Schwangerschaft sehr schwer geworden, ist es besser, die Gesamtfuttermenge aufzuteilen, sie zwei- oder dreimal täglich zu füttern. Natürlich muß die Hündin sich entsprechend häufiger lösen, man muß sie öfter und in regelmäßigen Abständen in den Garten lassen.

Die Hündin muß in diesem Stadium häufiger urinieren, dies resultiert aus den eigenen Nierenfunktionen wie aus den Ausscheidungen der ungeborenen Welpen; hinzu kommt der Druck der Gebärmutter auf die Blase.

Füttert man ausgewogene Nahrung, braucht man kaum Mineral- oder Vitaminzusatzstoffe. Die meisten Züchter geben zu viele Zusätze, welche die Hündin überhaupt nicht aufschließen kann, deshalb vergeudet sind. Ab der 6. Woche sollte man eine kleine Menge zusätzlichen Kalk verabreichen, am besten pulverisiert, insgesamt etwa täglich einen halben Eßlöffel voll ins Futter gerührt. Damit hilft man der Hündin beim Aufbau des Knochengerüstes der Welpen, Eklampsie (siehe Seite 101) wird dadurch nicht vermieden. Sie ist Folge von Schwankungen des Blutkalziumspiegels, die durch die plötzliche Milchentnahme der Welpen ausgelöst werden können.

Kurz vor der Geburt

Es ist nichts Ungewöhnliches, wenn die Hündin über die letzten drei Trächtigkeitswochen einen leichten Ausfluß aus der Scheide zeigt. Dieser ist im allgemeinen völlig klar oder schleimig weiß, keinerlei Grund zur Beunruhigung, vielmehr Bestätigung der Schwangerschaft. Tritt allerdings Ausfluß schwärzlicher Farbe auf, ist dies ein bedrohlicher Hinweis auf eine Störung, tierärztlicher Rat ist schnellstens erforderlich. Man darf dies nicht mit der grün-schwarzen Flüssigkeit verwechseln, die als Fruchtwasser während der Geburt abgeht.

Über die letzte Trächtigkeitswoche sollte man stets zur kurzfristigen Geburtshilfe bereit sein. Es ist eine schwierige Wartezeit.

AUSRÜSTUNG

Es gibt eine Reihe von Dingen, die vor dem Geburtstermin bereitgestellt werden müssen. Spätestens eine Woche vor dem kalkulierten Wurfdatum sollte alles sorgfältig vorbereitet sein.

Die erste Entscheidung gilt dem Geburtsort. Wo im Haus soll die Geburt stattfinden, kann die Hündin in Ruhe ihre Welpen aufziehen? Ganz gleich, ob die Geburt im Haus oder in einem Außengebäude (Zwinger) stattfindet, es ändert nichts am Grundsätzlichen. Die Hündin hat am liebsten einen kleinen Raum, einen Verschlag oder einen Zwinger, der ihr das Gefühl der Geborgenheit vermittelt, wo keine Menschen aus- und eingehen, der ruhig liegt. Der Geburtsort ist ihre Zufluchtsstätte. Sie ist viel ruhiger, wenn sie das sichere Gefühl hat, nicht gestört zu werden, nur die direkten Familienmitglieder Zutritt haben, keinesfalls andere Menschen oder gar Hunde. Die Raumtemperatur muß man auf etwa 21° C einregulieren können, dabei ist es wesentlich, daß man von einer Woche vor der Geburt bis fünf oder sechs Wochen nach der Geburt die gleiche Raumtemperatur halten kann. Unterkühlung (Hypothermie) ist eine der Hauptursachen für Welpenerkrankungen, denen so viele Welpen zum Opfer fallen.

Unten: *Hölzerne Standardwurfkiste mit Distanzleiste, Infrarot-Lampe und niedrigem Stuhl als Arbeitsplatz.*

Die Wurfkiste

Der wichtigste Teil der Ausrüstung ist eine fachgerechte Wurfkiste. Hier werden die Welpen geboren und über die ersten Wochen aufgezogen, später wird sie zu einem bequemen Lager für Mutter und Kinder. Im Idealfall ist das Material Holz, weil es fest ist, einigem widersteht, körperwarm ist und nach Gebrauch bis zum nächsten Wurf leicht und gründlich gereinigt werden kann. Reinlichkeit ist eine Grundvoraussetzung, deshalb wäre es auch Sparen am falschen Ende, eine Wurfkiste zu leihen, man kann sich hierdurch Infektionen ins Haus holen.

Die Wurfkiste muß groß genug sein, um der Mutter und einem Wurf schnell wachsender Welpen Raum zu bieten. Ein Grundmaß von 1 m × 1 m mit 50 cm hohen Seitenwänden empfiehlt sich für den Dobermann. Dabei läßt man die Vorderseite offen, damit die Hunde freien Zugang haben, macht aber eine Vorrichtung zum Einschieben loser Bretter, um je nachdem die Höhen zu variieren. Mit solchen Brettern gibt es alle Variationsmöglichkeiten, man kann die Welpen fest in der Wurfkiste verwahren oder ihnen Zugang zum Außenbereich geben. Ein niedriges Brett hält die Einstreu in der Kiste, ohne für die Hündin ein großes Hindernis zu sein.

Unbedingt sollte man in der Wurfkiste Distanzleisten anbringen. Es handelt sich um ganz einfache Leisten, die an den Seiten und an der Rückwand angebracht werden. Ziel dieser Distanzleisten ist, es den Welpen zu ermöglichen, ungefährdet wegzukriechen, wenn die Hündin sie versehentlich gegen die Wand drückt. Die Distanzleisten sollten deshalb etwa 15 cm oberhalb der Bodenfläche angebracht werden, so daß der Rücken der Hündin dagegenlehnt. Wurfkisten sollte man grundsätzlich zumindest 2,5 cm vom Boden abheben, hierdurch gewinnt man genügend Luftzirkulation unter der Wurfkiste und hält Ungeziefer ab.

Heizung

Am günstigsten beheizt man das Wurfzimmer mit einem durch Thermostat gesteuerten elektrischen Infrarot-Heizgerät. Dieses muß genügend hoch angebracht werden, so daß es sich außerhalb der Reichweite der Hündin befindet. In einem Holzgebäude muß die Installation an der Wand durch feuerfestes Material – etwa Asbest – geschützt sein. Es gibt eine Reihe anderer Heizungsarten, diese sind aber meist in der Temperatur schwieriger zu regulieren. Heizgeräte wie Propan- oder Ölöfen sollten in geschlossenen Räumen nicht über längere Zeit brennen; werden sie versehentlich umgeworfen, erwächst akute Feuergefahr, außerdem geben sie laufend giftige Gase ab. Zur Temperaturkontrolle sollte im Wurfzwinger ein Thermometer aufgehängt werden.

Außer der Raumheizung braucht man in der Regel eine über der Wurfkiste angebrachte Infrarot-Lampe. Es gibt Geräte, die speziell zur Welpenaufzucht entwickelt und relativ preiswert angeboten werden. Ein solcher Kauf lohnt sich für jede Grundausstattung, denn man kann sie über viele Jahre verwenden. Man sollte eine Lampe wählen, bei der man bei kalter Witterung auch 400-Watt-Birnen einsetzen kann. In der wärmeren Jahreszeit reicht im allgemeinen eine 300-Watt-Birne aus. Am besten verwendet man Heizlampen mit gedämpfter Strahlung, dabei werden die Wärmeelemente in Ton gebettet. Glasbirnen sollten keine Verwendung finden, sie könnten platzen und dann heiße Glassplitter in die Wurfkiste streuen. Die Lampe muß mit einer Kette an einem kräftigen Haken in der Decke befestigt sein. Dadurch erhält man eine angenehme kreisförmige Strahlung über den Welpen. Mit einem Stück kräftigem Draht, s-förmig gebogen, kann man die Lampe je nach Bedarf höher oder niedriger hängen, dabei wird der s-förmige Haken jeweils einfach in ein niedrigeres oder höheres Glied der Kette geschoben.

„Brutkasten"

Am besten stellt man als sichere Zufluchtstelle für die Welpen bei der Geburt einen „Brutkasten" bereit. Dieser hilft auch, wenn man einen Wurf auf zwei Partien aufteilen muß. In seiner einfachsten Form besteht ein solcher „Brutkasten" aus einem Pappkarton, mit einer Decke ausgelegt, über den man ein Tuch spannt. Ist es kalt, schiebt man unter die Bodendecke eine Wärmflasche. Natürlich ist eine durch einen Thermostat geregelte Wärmeplatte unter dem Tuch noch günstiger, denn dadurch kann ständig die gewünschte Wärme garantiert werden.

Weiteres Zubehör

Über die letzten Nächte der Tragezeit einer Hündin sollte man bei ihr sein, bereit zur Hilfe, wenn es notwendig ist. Auch über die ersten paar Nächte nach der Geburt sollte man bei ihr sein, für beides braucht es einige Vorbereitungen. Es ist ganz einfach am bequemsten, die Hündin zu überwachen, wenn man dies vom eigenen Bett aus tun kann. Anderenfalls sollten ein faltbares Klappbett und einige Decken oder auch ein bequemer Sessel im Wurfraum genügen. Für die Arbeit an der Wurfkiste selbst ist ein kurzbeiniger Stuhl ein außerordentlich zweckgerechtes Sitzmöbel.

Neben der Wurfkiste sollte der Hündin auch ihr eigenes Lager zur Verfügung stehen. In aller Regel verläßt sie über die ersten 10–14 Tage ihre Welpen nur sehr ungerne, danach aber schätzt sie es durchaus, sich auch von den Welpen trennen zu können. Je älter und beweglicher die Welpen werden, um so mehr besteht Bedarf für ein eigenes Lager. Steht das Lager im Wurfraum, sollte es etwa 15 cm vom Boden abgehoben sein, damit die Welpen nicht hineinklettern können.

Ein Nachtlicht im Zwinger ist immer nützlich. Hierfür braucht man im allgemeinen nur eine 5–8 Watt starke Taschenlampe oder eine andere kleine Lampe, die man in die Steckdose einstecken kann. Es gibt auch schwache Kinderzimmernotleuchten, die man bis zum Alter von sechs Wochen die Nacht über anlassen kann. In erster Linie kann die Hündin dadurch sehr gut ihre Welpen sehen, es hilft später den Welpen gleichfalls, nachts ihren Weg zurück ins Lager zu finden. Die Nachtbeleuchtungen sind zusätzlich zur normalen Raumbeleuchtung, keinesfalls alleine ausreichend. Unter allen Umständen braucht man während der Geburt immer gute Lichtverhältnisse.

Weitere Ausrüstungsgegenstände für den Wurfraum sind:

Eine Schere, nach Möglichkeit mit abgestumpften Schneideflächen, hierdurch wird eine mögliche Verletzung durch scharfe Spitzen vermieden.

Eine Arterienklemme. Diese kann man später nicht nur bei der Geburt, sondern beispielsweise auch beim Ohrreinigen verwenden.

Zeitungspapier. Hiervon braucht man in der Wochenstube meistens große Mengen, man sollte frühzeitig zu sammeln beginnen und darauf achten, daß nur sauberes Zeitungspapier Verwendung findet.

Papiersäcke. Alte Hundefuttersäcke sind hierfür ideal, sie werden durch den Gebrauch nicht verdorben. Ungefähr sechs Säcke reichen aus.

Küchenrolle. Eine Rolle mit saugfähigem Papier ist vielseitig verwendbar.

Tücher. Zwei oder drei alte Decken, die vor Gebrauch gewaschen und sorgfältig getrocknet werden müssen.

Waschgelegenheit. Gibt es keine Waschgelegenheit im Wurfraum, muß man eine Waschschüssel, Seife, heißes Wasser, kaltes Wasser und ein Handtuch bereitstellen. Während der Geburt muß man öfter die Hände waschen.

Papier und Kugelschreiber. Diese braucht man zum Notieren von Geburtsgewichten und anderen wichtigen Einzelheiten.

VOR DER GEBURT

Hat man alles zusammen, was man für erforderlich hält, sollte man seine Hündin sorgfältig beobachten. Rückt der Wurftag näher, wird die Hündin weniger aktiv, trägt sie einen großen Wurf, kann dieser für sie recht beschwerlich sein. Man achte darauf, daß sie stets von anderen Hunden, die möglicherweise mit ihr rauh spielen wollen, ferngehalten wird; man darf keinerlei Schädigung der noch nicht geborenen Welpen riskieren.

Die meisten Hündinnen werfen in den frühen Morgenstunden. Aber wie allgemein in der Natur, es gibt keine festen Regeln – die Geburt könnte zu jeder Zeit beginnen. Es gibt aber einige wichtige Anzeichen, auf die man achten muß. Sie kündigen an, wenn die Geburt dicht bevorsteht.

Am Tage vor der Geburt verweigert die Hündin meist ihre Nahrung, wird ziemlich ruhelos. Häufig setzt sie geringe Kotmengen ab; dieses Sich-Entleeren ist ein recht charakteristisches Merkmal. In der Regel ist es nun höchste Zeit, die Wurfkiste fertigzumachen, denn niemand möchte wahrscheinlich, daß die Hündin mit der Geburt auf der Couch im Wohnzimmer oder gar im Garten beginnt.

Gewöhnung an die Wurfkiste

Grundsätzlich ist es richtig, die Hündin schon vor Beginn der Geburt an ihre Wurfkiste zu gewöhnen. Dies gilt besonders dann, wenn die Wurfkiste nicht an der Stelle des normalen Hundelagers steht, die

Unten: *Wichtiges Zubehör im Wurfzimmer. Der Deckel des Hündinnenlagers bietet sich als Arbeitsplatte an.*

Welpen in einem besonderen Zimmer geboren werden. Hängt man eine Infrarot-Lampe über die Wurfkiste, ist dies oft eine Einladung für die Hündin, sie kann sich in der Wärme wohlfühlen. Es ist keinesfalls richtig, eine Hündin zu zwingen, in der Wurfkiste zu bleiben; sind die Welpen erst einmal geboren, wird sie diese sicherlich nicht mehr gerne verlassen. Man öffnet zwei große Papiersäcke, legt sie auf den Boden der Wurfkiste, bedeckt sie mit mehreren Schichten Zeitungspapier und legt ein Tuch darüber. Nach Beginn der Geburt sollte man das Tuch entfernen, denn in der Regel möchte die Hündin die Zeitungen in kleine Fetzen zerkratzen. Kein Grund zur Beunruhigung, ein völlig normales Verhalten, das aber nicht alle Hündinnen zeigen. Man wird schnell erkennen, daß es kein festgelegtes Verhaltensmuster bei der Geburt gibt – irgendwie ist jede Hündin anders. Völlig normal ist es jedoch, daß kurz vor der Geburt die Körpertemperatur um etwa zwei Grad abfällt.

Zeigt die Hündin die Symptome unmittelbar bevorstehender Geburt, legt man sich eine Arterienklammer und eine Schere auf eine nah gelegene Arbeitsplatte. Beide Geräte müssen sorgfältig gereinigt und sterilisiert sein. Sterilisieren erfolgt durch mehrminütiges Kochen in einem kleinen Wassertopf. Vor dem Gebrauch kann man sie in einen Becher voll Methylalkohol stellen, wobei die Blätter mit Alkohol bedeckt sind, damit das Werkzeug bis zum Gebrauch steril bleibt. Es ist gut, eine Portion Papiertücher und ausgebreitete Zeitungen griffbereit zu halten. Am besten stellt man einen leeren Papiersack in eine Ecke des Zimmers, hier kann man alles schmutzige Papier während der Geburt sammeln, danach wegwerfen.

DIE GEBURT

Ruhelosigkeit und Nestbau vor der Geburt dauern manchmal über mehrere Stunden, es gibt aber auch Hündinnen, bei denen dies überhaupt nicht auftritt. Die Geburt selbst beginnt mit dem ersten Einsetzen von Preßwehen. Die Welpen liegen vor der Geburt in einer Fruchtblase in der Gebärmutter, durch die Nabelschnur mit der Plazenta verbunden; die Plazenta selbst ist in der Gebärmutterwand verankert. Bis zu dem Zeitpunkt, an dem die Preßwehen die Fruchtblase von der Gebärmutterwand trennen, ist der Welpe technisch gesehen noch ein Fötus. Hat er sich erst einmal von der Gebärmutterwand gelöst, pressen ihn weitere Wehen aus dem Uterus durch den Gebärmutterhals (der sich jetzt für den Austritt der Welpen breit geöffnet hat). Über die Scheide wird der Welpe nun ausgetrieben, exakt in diesem Augenblick ist der Zeitpunkt der Geburt.

Wehen beginnen zuweilen mehrere Stunden vor der Geburt des ersten Welpen, es gibt aber auch einige Hündinnen, bei denen der Wehenablauf nur einige Minuten dauert. Anfänglich sind die Wehen relativ schwach, liegen größere Pausen dazwischen, in denen die Hündin damit beschäftigt ist, ihr Wurflager aufzukratzen. Auch wenn die Wehen über mehrere Stunden andauern, ist dies in sich noch kein Anzeichen dafür, daß es zu Geburtsschwierigkeiten kommt. Hier braucht der Züchter wirklich Geduld, die auch meist belohnt wird.

In der Regel gebären Hündinnen ihre Welpen liegend in der Wurfkiste, manche pressen sie auch im Stand aus. Aus dieser Geburtsstellung ergibt sich das Risiko, daß der Welpe beim Fall auf den Boden verletzt wird. Deshalb sollte man ein Papiertuch zur Hand haben, damit der Welpe beim Auffangen nicht aus der Hand gleitet. Man muß durch gutes Zureden, notfalls durch Kommando auf die Hündin einwirken, daß sie ruhig bleibt, während man den Welpen annimmt.

Geburtslage

Normalerweise treten Kopf und Vorderläufe zuerst aus. Es ist aber auch recht verbreitet, daß Welpen zuerst mit der Rute und nach hinten ausgestreckten Hinterläufen geboren werden. Diese Lage verursacht ebenfalls in der Regel keinerlei Probleme. Irrtümlich werden solche Geburten als „Steißlagen" bezeichnet, die Steißlage ist jedoch eine Geburt, bei der zwar auch die Rute zuerst erscheint, die Hinterläufe aber unter dem Welpenkörper liegen. Aber auch diese Geburtsstellung ist in der Regel problemlos, allerdings dauert es dabei manchmal länger mit der Geburt. Ganz selten werden Welpen in einer Rückenlage geboren, bei der die Läufe nach oben gerichtet sind.

Manchmal bleibt ein Welpe innerhalb der Scheide stecken. Dies kann daran liegen, daß der Welpe falsch liegt oder wesentlich größer ist als normal. Hier assistiert der Mensch wieder mit Hilfe eines Papiertuchs, wobei der Welpe mit sanftem Zug nach unten befreit wird. Diese Zugbewegung nach unten darf nur parallel zu der Preßwehe der Hündin erfolgen. Nie darf man einen Welpen herauszerren, der nicht gleichzeitig von der Hündin ausgepreßt wird, dies könnte zu Verletzungen führen. Liegt ein Welpe verkehrt, also mit den Läufen nach oben, hilft man in der gleichen Weise, jetzt aber wird der Welpe entsprechend seiner Körperlage nicht nach unten (Richtung Bauchnabel), sondern nach oben (Richtung After) gezogen. Durch diesen Zug folgt man der Geburtsstellung, verhindert beim Herausziehen Wirbelsäulenverletzungen.

Normalerweise wird ein Welpe in der Fruchtblase geboren, diese sieht aus wie eine schwarze, zylindrische Wurst. Befreit die Hündin den Welpen nicht sofort aus der Fruchtblase, reißt man diese mit zwei Fingern unter dem Kinn des Welpen auf, wischt Flüssigkeitsreste oder Schleim von Nase und Mund, hierbei kann man ein kleines nasses Stück Watte verwenden. Manchmal platzt die Fruchtblase schon vor der Welpengeburt, dabei entweicht ein Schwall Fruchtwasser aus der Scheide. Auch dies stellt kein Problem dar, solange der Welpe wirklich kurz darauf ausgetrieben wird.

Nach der Geburt

Oft werden Welpen durch die Nabelschnur mit der Plazenta verbunden geboren, manchmal kommt der Welpe erst, die Nachgeburt später. Sind Welpe und Nachgeburt miteinander verbunden und nabelt die Hündin den Welpen nicht von selbst ab und packt ihn aus der Fruchtblase, legt man die Arterienklammer etwa 1,5 cm vom Bauch des Welpen an, schneidet die Nabelschnur auf der Seite der Plazenta mit der Schere durch. Man braucht die Arterienklammer nur für Sekunden auf der abgeschnittenen Nabelschnur zu belassen, die Blutung kommt sehr schnell zum Stehen. Hat man die Arterienklammer abgenommen, hält man ihn der Hündin vor und ermuntert sie, ihr Kind trocken zu lecken. Man kann ihr dabei helfen, indem man den Welpen zuerst gründlich, aber dennoch zart mit Tüchern abrubbelt. Solches Frottieren und das Lecken der Hündin stimuliert das Atmen des Welpen, das Entfalten seiner Lungen. Dies ist in der Regel vom „ersten Schrei" des Welpen begleitet, der immer ein gutes Zeichen ist. Nachdem der Welpe weitgehend trocken ist, sollte man ihn an den Zitzen der Hündin anlegen. Einige Welpen saugen von Anfang an kräftig, andere erfordern einige Geduld. Falls erforderlich, sollte man das Welpenmäulchen sanft öffnen, an die Zitze anlegen, um einen ersten Saugreflex auszulösen.

Jetzt ist es Zeit zum Saubermachen, zur Vorbereitung auf den nächsten Welpen. Alles schmutzige Papier gehört in den Abfall. Man wird feststellen, daß bei der Geburt eine ganze Menge Flüssigkeit und Blut gekommen ist. Meist hilft die Hündin beim Saubermachen, man sollte das meiste der Flüssigkeit über das aufsaugende Zeitungspapier oder mit kochfestem Viledatuch aufnehmen. Wenn man es ihr überläßt, frißt die Hündin die Plazenta auf, sie ist reich an Mineralien, wertvolle Nahrung, fördert Wehen und Milchbildung. Bei großen Würfen sollte man die Hündin nicht alle Nachgeburten auffressen lassen, denn höchstwahrscheinlich kommt es dann zu Durchfall, übelriechendem Kot. Aber einige Nachgeburten sind absolut notwendig und gesund, keinesfalls schädlich.

Der zweite Neuankömmling

Die Zeiten zwischen den Geburten sind von Hündin zu Hündin sehr verschieden. Im Normalfall bewegen sich die Abstände der Geburten zueinander zwischen 20 und 60 Minuten, aber auch dies ist keine feststehende Regel. Man sollte der Hündin bis zur Geburt des zweiten Welpen Ruhe gönnen, man erkennt den Fortgang der Geburt durch neue Preßwehen. Beginnt die Hündin erneut, ihr Lager aufzukratzen, sollte man sicherheitshalber den erstgeborenen Welpen in den „Brutkasten" legen, ihn erst dann der Hündin wiedergeben, wenn sie sich beruhigt hat, ihn erforderlichenfalls bei der Geburt des zweiten Welpen erneut wegnehmen. Nach einiger Zeit kommt es zur Geburt des zweiten Welpen, die erste Prozedur wiederholt sich weitgehend. Meist ist die Geburt des ersten Welpen am schwierigsten, denn er muß den Geburtskanal ausdehnen, dadurch wird es für die Nachfolgenden leichter, auf die Welt zu kommen.

Ist die Geburt des zweiten Welpen abgeschlossen, legt man der Hündin auch den ersten wieder ins Lager, versucht, während der Zeitspanne bis zur Geburt des dritten beide saugen zu lassen.

Die übrigen Welpen

Mit den nachfolgenden Welpen verfährt man in derselben Weise. Nach den ersten Geburten hat sich die Hündin an ihre Aufgabe gewöhnt, arbeitet mit dem Menschen zusammen. Möglicherweise meint sie aber auch, daß sie ihre Aufgabe durchaus völlig alleine schafft. In solchen Fällen sollte man sie weitestgehend selbständig gebären lassen, dabei aber aufpassen, daß sie beim Abnabeln vorsichtig ist, nicht zu hart an der Nabelschnur reißt, was zu einem Nabelbruch führen könnte.

Welpengeburt

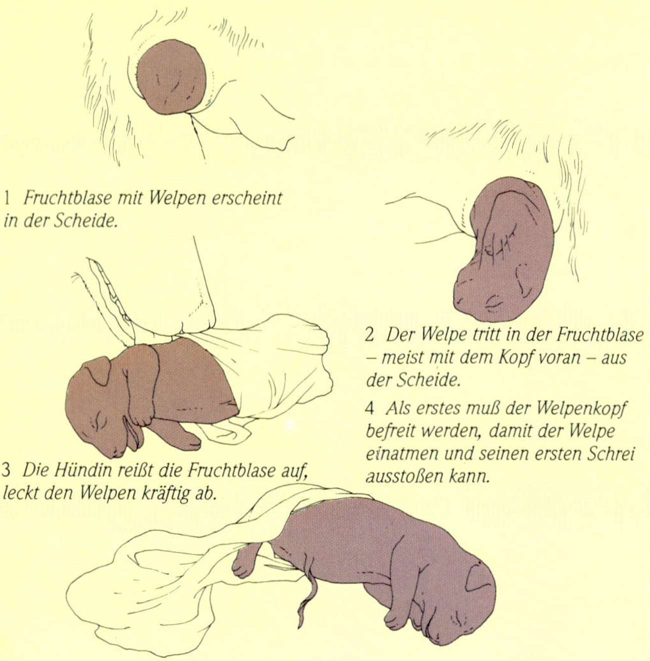

1 *Fruchtblase mit Welpen erscheint in der Scheide.*

2 *Der Welpe tritt in der Fruchtblase – meist mit dem Kopf voran – aus der Scheide.*

3 *Die Hündin reißt die Fruchtblase auf, leckt den Welpen kräftig ab.*

4 *Als erstes muß der Welpenkopf befreit werden, damit der Welpe einatmen und seinen ersten Schrei ausstoßen kann.*

Oben: *Eingehüllt in die Fruchtblase verläßt der Welpe die Scheide. Nach der Geburt leckt die Hündin ihr Kind sauber, bringt es zum Atmen.*

Viele Hündinnen mögen in den Ruhepausen während der Geburt etwas zu trinken – ideal hierfür sind Wasser oder Milch (dies ist einer der wenigen Fälle, bei denen Milch empfohlen werden kann). Ein anderes Lieblingsgetränk ist Tee mit Milch, leicht mit Zucker gesüßt. Man sollte auf den Abstand der Infrarotlampe achten. Sie muß hoch genug hängen, damit es für die Hündin nicht zu heiß wird, aber gleichzeitig tief genug, um die Welpen wirklich zu wärmen. Während der Geburt ist es wichtiger, sich nach den Anforderungen der Hündin zu richten als nach denen der Welpen. Hat man den Eindruck, es sei für einen Welpen zu kalt, kann man ihn zum Aufwärmen in den Brutkasten legen.

Scheint es bei der Geburt eines Welpen zu Schwierigkeiten zu kommen, hat es sich vielfach bewährt, die Hündin einen kurzen Spaziergang machen zu lassen. Durch die Bewegung der Hündin löst man häufig eine Bewegung des Welpen in der Gebärmutter aus. Auf solchen Spaziergängen nimmt man immer ein altes Tuch mit, hält sich bereit, einen Welpen – falls erforderlich – aufzufangen; auf solchen Wegen sind schon eine ganze Reihe von Welpen geboren worden. Ist es dunkel, muß man unbedingt eine gute Taschenlampe mitnehmen, damit man sieht, was passiert. Bei solchen Spaziergängen wird die Hündin auch zum Urinieren angeregt, wodurch sich der Blasendruck reduziert.

Es empfiehlt sich, das Geburtsgewicht jedes einzelnen Welpen zu notieren. Hierdurch hat man für künftige Geburten entsprechendes Vergleichsmaterial. Eine Wiegekontrolle ist insbesondere für alle Anfänger in der Zucht wichtig. Erfahrene Züchter glauben, sie könnten allein aus ihrer Erfahrung sehen, ob die Welpen normal sind oder nicht, sicherer ist aber die Kontrolle über die Waage. Das Geburtsgewicht von Dobermannwelpen liegt zwischen 375 und 550 g.

Es hat sich durchaus bewährt, Block und Stift zur Hand zu haben, um Geburtstermin, Geschlecht, Farbe und alles Interessante oder Ungewöhnliche bei der Geburt über jeden Welpen zu notieren. Besonders wichtig ist die Kontrolle, ob alle Nachgeburten mitgekommen sind. Jede im Uterus verbleibende Plazenta löst mit Sicherheit zu einem späteren Zeitpunkt große Probleme aus, sorgfältige Kontrolle ist daher unerläßlich.

NACH DER GEBURT

Die Durchschnittswurfstärke beim Dobermann liegt bei 6 bis 8 Welpen. Dies ist eine Welpenzahl, mit der eine Hündin zurecht kommen kann, die jedem Welpen Gelegenheit bietet, wann immer er möchte, Milch zu finden. Kleine Würfe mit 3 oder weniger Welpen sind aber nicht selten. Der größte Wurf, von dem ich erfahren habe, belief sich auf 17 Welpen, alle wurden erfolgreich – selbstverständlich mit Hilfe des Menschen – aufgezogen.

Es ist schwierig festzustellen, ob wirklich der letzte Welpe geboren wurde. Öfter meint man, der letzte sei schon geboren, obwohl noch ein oder zwei Welpen in der Gebärmutter stecken. Man kann den Körper der Hündin abtasten, fühlen, ob die Flanken hohl sind, keine Welpenausbuchtungen mehr vorliegen. Dies ist aber eine Frage der Erfahrung, notfalls sollte man den Tierarzt konsultieren. Oft zeigt die Hündin selbst den Schluß an, indem sie sich entspannt hinlegt und ihre Familie pflegt.

Manchmal kommt es nach dem vermeintlichen letzten Welpen erneut zu Wehen, dies kann ein Anzeichen dafür sein, daß noch ein Welpe folgt oder daß die Hündin ganz einfach versucht, eine steckengebliebene Plazenta auszustoßen. Wehen sind Anlaß, die Hündin sorgfältig zu beobachten, notfalls den Tierarzt hinzuzuziehen.

Über die ersten 24 Stunden nach der Geburt hat die Hündin im allgemeinen stärkeren Ausfluß. Die Farbe dieses Ausflusses ist im Normalfall dunkelblutrot oder bräunlich, dies alles ist völlig normal, kein Anlaß zur Beunruhigung. Die Ausflußmenge ist von Hündin zu Hündin recht verschieden. Einige Hündinnen haben wenig Ausfluß, sowohl während wie nach der Geburt, trocknen tatsächlich innerhalb der ersten 24 Stunden nach der Geburt ab, andere haben häufig noch über eine ganze Reihe von Tagen weiteren Ausfluß.

Bei vielen Hündinnen ist bis zu 6 Wochen nach der Geburt leichter Ausfluß festzustellen. Auch dies ist völlig normal, wird der Ausfluß dabei dick und schwärzlich oder kommt es zu einer grünlichschwarzen, schleimigen Flüssigkeit, ist dies ein Anzeichen einer Gebärmutterentzündung, bedarf sofortiger tierärztlicher Untersuchung. Kommt es zu hellrotem Ausfluß, ist dies ein Hinweis auf eine Gebärmutterverletzung, bedarf ebenso sofortiger medizinischer Hilfe.

Das Lager

Über die ersten 24 Stunden ist es das beste, die Wurfkiste mit Zeitungspapier auszulegen, dieses kann man leicht und häufig wechseln. Unter die Welpen sollte man ein kleineres Stück einer alten Decke oder Bettuch legen, damit die Pfoten beim Saugen Halt finden; es gibt nichts Schlimmeres, als winzige Welpen auf Zeitungspapier schlittern zu sehen. Möglichst bald sollte man die Zeitung durch Tücher oder andere Unterlagen ersetzen. Speziell für die Wurfkiste haben sich verschiedene Arten von Polyestereinlagen bewährt, insbesondere wenn sie wasserdurchlässig sind. Alle Flüssigkeiten werden dann durch unter diese Einlage gelegte Zeitungen aufgesaugt. Solche Einlagen sind natürlich in einem Zwinger mit Sägemehleinstreu nicht brauchbar, denn das Sägemehl verschließt die Fasern, läßt sich sehr schlecht entfernen. Ein Stück alter Teppich ist gleichfalls eine sehr gute Einlage. Natürlich muß man die Einlagen aufgrund der Verschmutzung häufig wechseln, man sollte immer genügend Vorrat an Wechseleinlagen haben. Tücher und Kunststoffeinlagen sind waschbar, sind sie allerdings sehr stark verschmutzt, ist es manchmal hygienischer, sie wegzuwerfen.

Es gibt eine einzige Situation, die Tücher und Kunststoffeinlagen verbietet. Es ist nicht ungewöhnlich, daß eine Hündin beschließt, daß sie keinerlei Einlagen in der Wurfkiste duldet, alles herauswirft.

Solches Verhalten gefährdet die Welpen, sie können unter den Einlagen begraben werden.

Säugen

Haben sich Hündin und Welpen erst einmal beruhigt, muß man sie sorgfältig beobachten, um sicher zu sein, daß alle Welpen kräftig genug sind, um ihren Weg zu den Zitzen zu finden. Über die ersten Tage muß man kontrollieren, daß die kleineren oder schwächeren Welpen ihre angemessene Milchmenge finden. In der Regel dauert es 48 Stunden, bis sie alle kräftig genug sind, um von ganz alleine an die Zitzen zu kommen. In der Anfangsphase nimmt jeder Welpe nur immer eine kleine Milchmenge an, dies aber in Abständen von etwa 15 Minuten, obgleich Welpen erforderlichenfalls auch bei längeren Zwischenabständen der Fütterung gedeihen können. Man achte sorgfältig auf die Infrarot-Lampe über den Welpen. Sie sollte so niedrig wie möglich über den Welpen hängen, in der Regel etwa in Rückenhöhe der stehenden Hündin. Wird es hierdurch allerdings für die Hündin zu heiß, muß man die Kette notfalls für einige Zeit verkürzen, aber das Hauptziel ist, die Welpen warmzuhalten. Für die Welpen ist die Kette optimal, wenn diese im Strahlenbereich der Lampe einzeln liegen, nicht ineinander kriechen (zu kalt), aber auch nicht aus dem Wärmebereich herausstreben (zu warm).

Besonders wichtig ist, daß über die ersten 48 Stunden jeder Welpe ausreichend Muttermilch erhält. Die Milch in dieser ersten Zeit nennt man Kolostralmilch, sie ist reicher an Proteinen und Vitaminen als die spätere Milch, gibt damit den Welpen eine gute Grundlage für ihr Leben. Insbesondere enthält Kolostralmilch Antikörper, die den Welpen Schutz gegen Krankheiten geben. Es findet bereits eine Antikörperübertragung von Hündin auf Welpen über die Gebärmutter statt, die hauptsächliche Übertragung erfolgt aber über die Kolostralmilch. So ist im allgemeinen jeder Welpe, der keine Kolostralmilch erhält, stark infektionsgefährdet.

Hat man einen großen Wurf mit mehr als acht Welpen, hat sich eine Aufteilung bewährt. Man überläßt der Hündin die eine Hälfte des Wurfes, legt die andere sicherheitshalber in den Brutkasten. Man tauscht dann die Welpen alle 20–30 Minuten aus. Hierdurch erreicht man, daß alle Welpen die gleiche Futtermenge und sorgfältige Pflege erhalten. Im allgemeinen ist dies nur über die ersten 12–24 Stunden erforderlich, denn die Welpen wachsen in Größe und Stärke schnell heran. Bald entwickeln sie einen eigenen Rhythmus, so daß, wenn alle in der Wurfkiste zusammenliegen, einige schlafen, während andere fressen.

Die Zuchtvereine schreiben völlig zu recht bei größeren Würfen entweder Ammenaufzucht oder aktive Welpenfütterung durch den Menschen mit industriell herge-

Unten: *„Judy" mit ihrer neuen Familie. Im allgemeinen nähren Hündinnen über die ersten drei Lebenswochen ihre Welpen völlig allein.*

stellter Welpenmilch vor. Diese aktive Unterstützung der Hündin ist für jeden echten Züchter eine Selbstverständlichkeit.

Nach der Geburt sollte man grundsätzlich einen Tierarzt bitten, Hündin und Welpen zu überprüfen, dies nach Möglichkeit innerhalb von 12 Stunden.

Routine

Nach der Geburt ist die Hündin meist sehr müde, zuweilen völlig erschöpft, möchte nichts als schlafen. Das Beste ist es, sie völlig gewähren zu lassen. Man achte darauf, daß die Welpen dicht bei ihr liegen, daß sie in voller Länge seitlich liegt, sich nicht zusammenrollt, so daß die Welpen Zugang zur mütterlichen Futterquelle haben. Manchmal erweist es sich als notwendig, zunächst die Hündin zu dieser Stellung zu überreden, aber im allgemeinen verstehen die Hündinnen dies recht schnell. Manche Hündinnen aber sind durch ihre Welpen sehr aufgeregt, fast überwach. Man sollte sie daran hindern, ihre Welpen zu intensiv zu lecken, insbesondere wenn es ein kleiner Wurf ist. Denn dies führt manchmal dazu, daß die Hündin ihre Welpen durch die ganze Wurfkiste hin und her schiebt, sie dadurch dauernd wach hält, sie nicht zum Saugen kommen läßt.

Gerade eine Erstlingshündin weiß zuweilen nicht, was Welpen sind, schnappt sogar nach dem Erstgeborenen. Aber in aller Regel kommt es sehr schnell zur mütterlichen Verbindung, nur selten dauert es länger. Man muß aber gerade bei der Geburt des ersten Welpen recht genau aufpassen, es gibt Fälle, bei denen der erste Welpe zusammen mit der Nachgeburt von der Mutterhündin aufgefressen wurde. Ich habe auch beobachtet, daß sich eine Hündin beim Schrei des ersten Welpen erschrak, deshalb sollte man unbedingt der Hündin sagen, was für ein wunderschönes Baby sie geboren hat, sie davon überzeugen, es saugen zu lassen und es auch tüchtig zu lecken. Natürlich muß man auch darauf achten, daß sie nicht beginnt, am Nabelende zu kauen, denn dies könnte zu Blutung und Nabelbruch führen.

Über die ersten zwei Wochen fehlt Welpen die Fähigkeit, Urin und Kot selbständig abzusetzen; sie sind abhängig vom Lecken der Mutterhündin, das diese Funktionen stimuliert. Die meisten Hündinnen werden durch ihren Instinkt zum Lecken veranlaßt, aber auch hier muß man sich vergewissern, daß jeder Welpe gepflegt wird. Vergißt sie einen, sollte man ihn ihr gezielt vorlegen. Verweigert sie weiter die Pflege, muß man diese selbst übernehmen, die entsprechenden Körperpartien des Welpen mit einem feuchten, warmen Wattebausch sanft massieren.

Einige Hündinnen haben wunderbare Muttereigenschaften, gehen sehr vorsichtig in die Wurfkiste, setzen sich an eine freie Stelle und sammeln die Welpen sorgsam um sich, ohne sie je zu verletzen. Andere Hündinnen wiederum sind ungeschickt, springen in die Wurfkiste, werfen sich zwischen ihre Welpen. Solche Hündinnen setzen sich auf ihre Welpen, verletzen oder töten sie zuweilen dabei. Bei ihnen muß man alle Welpen in einem Teil der Wurfkiste versammeln, ehe man die Hündin hineinläßt, dann die Hündin so leiten, daß sie sich sorgfältig zu ihren Welpen legt. Hat sie sich gelegt, legt man ihr die einzelnen Welpen an. Dieses Vorgehen weckt hoffentlich ihren Mutterinstinkt und schützt ihre Welpen vor Gefahr.

Direkt nach der Geburt, erneut zumindest nach 24 Stunden, sollte man die Hündin hinten mit warmem Wasser und etwas Hundeshampoo abwaschen, alles Blut aus dem Fell entfernen. Hierdurch fühlt sich nicht nur die Hündin viel wohler, man hält dadurch auch ihr Lager sauber, verhindert übermäßigen Fellverlust, der leicht eintritt, wenn das Blut nicht entfernt wird.

Futter und Trinken

Über die erste Woche nimmt die Hündin möglicherweise zögernd Nahrung auf, zeigt wenig Appetit. Dies ist völlig normal, obgleich viele Hündinnen in dieser Richtung wenig anfällig scheinen. Man sollte versuchen, die Hündin ans Fressen zu bekommen, ihr appetitanregende Nahrung bieten, darf sie aber keinesfalls – solange sie nicht mag – zum Fressen zwingen. Viel wichtiger ist, daß sie genügend Flüssigkeit bekommt, Wasser sollte immer verfügbar sein. Auch Milch ist gut für sie, sollte aber nicht in unbegrenzten Mengen angeboten werden. Eine willkommene Abwechslung bietet oft Milchtee mit wenig Zucker gesüßt. Eierpaste ist recht nahrhaft, ebenso Reispudding. Auch Hühner- oder Ochsenschwanzbrühen sind eine gute Abwechslung, entweder zum Trinken oder über das Futter geschüttet. Anfänglich wird die Hündin diese als Getränk bevorzugen, mit etwas Fleisch oder Brot vermischt. Mit zunehmendem Alter der Welpen muß die Gesamtflüssigkeitsmenge entsprechend vergrößert werden, da deren Nachfrage nach Milch gleichfalls größer wird.

Geburtsstörungen

Im Normalfall gebären Dobermänner leicht, es treten nur wenig Probleme auf. Trotzdem sollte der Züchter mögliche Probleme kennen, damit er darauf vorbereitet ist.

Nach einer Tragezeit von 4–5 Wochen scheinen einige Hündinnen zu tragen, danach aber schwindet die ganze körperliche Veränderung. Hierbei kann es sich ganz einfach um Scheinschwangerschaft oder Absorbtion der Welpen handeln. Aber selbst wenn man der Meinung ist, die Hündin habe ihren Wurf verloren oder tatsächlich gar nicht aufgenommen, sollte man die Hündin immer bis nach dem voraussichtlichen Wurftag sorgfältig weiter beobachten.

Wiederbelebung

Erscheint ein Welpe bei der Geburt tot, lohnt es sich immer, eine Wiederbelebung zu versuchen, solche Welpen können oft gerettet werden. Hierzu nimmt man den Welpen in Rückenlage in beide Hände und versucht es mit einer Beatmung von Mund zu Mund. Dazu öffnet man das kleine Mäulchen, bläst Atemluft hinein, um diese in die Lungen des Welpen zu führen. Dies reicht manchmal aus, um die Lungen zu erweitern, den Welpen zum Atmen zu bringen. Man achte darauf, daß vor dieser Beatmung Flüssigkeit oder Schleim aus Mund und Nase des Welpen entfernt sind, sonst würde man diese Flüssigkeit in die Lungen blasen. Hat man mit dieser Methode keinen Erfolg, preßt man den Brustkorb vorsichtig, drückt damit die Luft aus den Lungen, dann löst man den Druck wieder, wodurch Luft zurück in die Lungen strömen kann. Möglicherweise muß man diesen Versuch über 5–10 Minuten fortsetzen, ehe das Leben in den Welpen zurückkehrt, er zu schreien und selbst zu atmen beginnt. Leider kann man nicht jeden Welpen retten, aber es sind viele, so daß sich diese Versuche wirklich lohnen.

Mängel

Zuweilen findet man an einem Welpen Geburtsfehler. Hierzu gehören Spaltrachen, die relativ leicht feststellbar sind: saugt der Welpe, fließt ihm die Milch in die Nase, läuft über die Nasenlöcher wieder heraus. Gelegentlich werden Welpen mit

Unten: *Mit zunehmendem Alter läßt die Hündin ihre Welpen über längere Zeitabschnitte allein, um selbst einige Zeit zum Schlafen zu finden.*

einer Hasenscharte geboren, auch mit nicht geschlossener Bauchdecke. Welpen mit solch offensichtlichen Fehlern sind nicht lebensfähig, sollten schmerzlos getötet werden.

Einige Fehler zeigen sich erst, wenn die Welpen älter sind. Handelt es sich dabei um einen Fehler, der das Wachstum des Welpen zu einem normalen Hund verhindert, ist es wieder besser, ihn so früh als möglich schmerzlos töten zu lassen. Gelegentlich werden „Schreier" (Squealers) geboren, ich vermute, es handelt sich hier eher um einen erblichen Fehler als um Zufall. Solche Schreier können sich nicht aus der Rückenlage befreien, dreht man sie auf den Bauch, bewegen sie sich im Kreis und rollen auf den Rücken zurück. Diese Bewegung ist von den charakteristischen Schreien begleitet. Ursache hierfür ist eine Störung des Gleichgewichtssinns im Ohr. Die Erscheinung bessert sich auch bei künstlicher Aufzucht nicht. Das ständige Schreien macht die Hündin sehr nervös, man sollte diese Welpen einschläfern, sobald der Defekt klar erkannt ist.

Andere Mängel werden erst im Alter von mehreren Wochen erkennbar. Ein Beispiel hierfür ist Taubheit. Diese ist normalerweise nur dann zu erkennen, wenn der Welpe auf Geschehnisse in der Umgebung nicht reagiert; dabei ist es überraschend, wie lange ein solcher Fehler unentdeckt bleiben kann, da der Welpe auf die Bewegungen seiner Wurfgeschwister reagiert. Ein tauber Welpe wächst in seinen übrigen Funktionen völlig normal auf, ihm stehen aber in seinem späteren Leben große Schwierigkeiten bevor, denn es fehlt ihm einer der Hauptsinne. Es besteht auch die Wahrscheinlichkeit, daß es sich um einen erblichen Faktor handelt, der keinesfalls eine Zucht erlaubt. Es mag sehr hart klingen, aber auch solche Welpen sollten eingeschläfert werden. Sehr umstritten ist bei größeren Würfen das Ausmerzen einzelner Welpen zur Schonung der Mutter. Ich persönlich lehne derartige Ausmerze ab, es sei denn, irgendetwas an dem Welpen ist nicht in Ordnung. Zusätzliche Fütterung bei großen Würfen ist ein „Muß"!

Es kommt zuweilen vor, daß in einem Wurf ein kleiner Welpe liegt, der nicht wächst. Während die anderen zunehmen, bleibt der Kleine in der alten Größe, wird im Verhältnis zu seinen Geschwistern immer kleiner. Solche Welpen sind oft nicht lebensfähig, haben irgendwelche inneren Defekte, sterben meist bis zum Ende der zweiten Woche. Auch hierüber darf man sich als Züchter nicht aufregen – man kann einem solchen Welpen einfach nicht helfen, muß lernen, solche gelegentlichen Rückschläge hinzunehmen.

Eklampsie

Auf den Ausbruch von Eklampsie – auch Milchfieber genannt – muß man stets vorbereitet sein. Ursache hierfür ist ein starker Abfall des Kalziumspiegels im Blut der Mutter, als Resultat der Milchabnahme durch die Welpen. Der Körper der Hündin ist oft nicht in der Lage, diesen Kalkmangel schnell genug auszugleichen. Die Symptome, auf die man achten muß, sind sehr charakteristisch: Die Hündin erscheint sehr ruhelos, heiß, hechelt viel und bewegt sich staksig, verursacht durch Muskelspasmen aufgrund des Kalziummangels. Hat man sich davon überzeugt, daß es der Hündin nicht einfach zu warm ist, muß man immer eine Eklampsie befürchten. Man muß sich sofort mit seinem Tierarzt in Verbindung setzen. Dies ist ein echter Notfall, der sofortige Behandlung braucht. Der Tierarzt gibt der Hündin eine intravenöse Kalziumspritze, hierdurch verschwinden die Symptome im allgemeinen innerhalb von 20 Minuten. Wird Eklampsie nicht behandelt, entwickeln sich die Symptome immer bedrohlicher, es kommt zu Zuckungen, Ohnmachten und schließlich zum Tod. Nach meiner Erfahrung tritt bei Dobermännern Eklampsie innerhalb der ersten vier Tage nach der Geburt auf, es ist aber durchaus möglich, daß sie auch später ausbricht. Es besteht auch die Möglichkeit, daß Eklampsie während des Aufziehens eines Wurfes mehrfach vorkommt, man darf nicht erwarten, daß einmal behandelt das Problem gelöst sei. Das Füttern von Kalziumampullen nach der Geburt scheint die Eklampsiegefahr zu mindern.

Mastitis (Gesäugeentzündung)

Wird die Milch nicht aus allen Zitzen abgesaugt, besteht die Möglichkeit der Ansammlung mit harter Verdickung an einer oder mehreren Zitzen. Man nennt dies Mastitis. Täglich sollte man die Zitzen prüfen, sich vergewissern, daß sie weich und geschmeidig sind. Entdeckt man eine beginnende Mastitis, müssen die Welpen gezielt an den befallenen Zitzen angelegt werden, um die Milch abzusaugen. Tritt bereits gelbliche Flüssigkeit aus, muß mit der Hand abgemolken werden. Man sollte der Hündin auch durch den Tierarzt eine Spritze geben lassen, um das Problem zu lösen. Mastitis tritt meist bei kleinen Würfen auf, wobei die Welpen vor allem an den hinteren Zitzen saugen, oder bei Hündinnen, die beim Säugen nicht seitlich, sondern auf den Ellgenbogen liegen, wodurch eine oder mehrere Zitzen für die Welpen schlecht zugänglich werden.

Milchmangel

Zuweilen ist die Milchleistung einer Hündin nicht ausreichend. Wenn Welpen an der Mutter saugen, dann in tiefen Schlaf verfallen, kann man davon ausgehen, daß sie genügend Milch bekommen haben. Mißtrauen ist aber angebracht, wenn Welpen ruhelos sind, viel schreien und von Zitze zu Zitze wandern, an jeder nur kurz saugen. Hat die Hündin wenig Milch, muß man ihre Flüssigkeitsmenge und den Proteingehalt ihrer Ernährung vermehren. Selbstverständlich muß auch geprüft werden, ob die Hündin völlig gesund ist. Dies gehört zu den Fällen, wo das Temperaturmessen ein zuverlässiger Ratgeber ist. Liegt diese über 39°C (Normaltemperatur 38,4°C), sollte man den Tierarzt um Rat bitten.

Braucht man Muttermilchersatz für die Welpen, sollte man keine Kuhmilch verfüttern, sowohl Protein- wie Fettgehalt liegen zu niedrig. Ziegenmilch hat einen höheren Proteingehalt, jedoch nicht so hoch wie Hundemilch. Trotzdem wird Ziegenmilch häufig erfolgreich benutzt. Ich kenne viele Würfe, die von Geburt an mit nichts anderem als Ziegenmilch aufgezogen wurden. Empfehlenswert ist eine führende Marke industriell hergestellter „Hundemilch" für Welpen.

In der Regel wird Hundemilch in Pulverform angeboten, man braucht nur entsprechend den Anweisungen des Herstellers abgekochtes Wasser hinzuzufügen. Dieser Milchersatz liegt im Protein- und Fettgehalt genauso hoch wie Hundemilch. Angeboten wird auch eine Spezialflasche zur Fütterung, bewährt haben sich aber hierfür besonders Babyflaschen mit Nuk-Sauger. Besonders sollte man darauf achten, daß nach jedem Gebrauch die Flasche sorgfältig gereinigt wird.

Fühlt sich die Hündin schlecht, hat keine Milch oder ist erkrankt, kann es durchaus angezeigt sein, ihr die Welpen abzunehmen und mit der Hand aufzuziehen. Welpen müssen in regelmäßigen Zeitabständen gefüttert werden, die natürlich mit dem Heranwachsen weiter auseinanderliegen. Ab der Geburt müssen Welpen zumindest alle zwei Stunden regelmäßig Tag und Nacht gefüttert werden, ab einem Alter von zwei Wochen kann man zwischen den Mahlzeiten jeweils drei Stunden pausieren, auch die Nacht über eine größere Pause einlegen.

Sind die Zeitabschnitte zu lang, werden es die Welpen schnell durch Wimmern anzeigen. Ehe man davon ausgeht, daß die Hündin zu wenig Milch habe, sollte man sich vor Augen halten, daß über die ersten Tage Welpen jeweils nur kleine Milchmengen aufnehmen, im allgemeinen sich die Milchmenge entsprechend den Anforderungen durch die Welpen vermehrt. Natürlich ist es immer für die Welpen das beste, wenn sie Muttermilch erhalten, demgegenüber ist das Aufziehen mit der Hand und Milchersatzstoffen nur eine schlechtere Alternative.

Ein anderer Weg ist die Ammenaufzucht. Diese Möglichkeit besteht jedoch nicht häufig, denn man braucht hierfür eine Hündin, die nicht nur Milch gibt, etwa zur gleichen Zeit geboren hat, sondern die auch die fremden Welpen annimmt. Öfter hat man die Chance einer Ammenaufzucht bei einer Hündin, die selbst nur wenige Welpen hat, aber reichlich Milch, so daß sie zusätzliche Welpen ernähren kann.

Nabelbruch

Nabelbruch tritt aufgrund einer schwachen Stelle in der Bauchwand auf. Ursache kann zu starkes Reißen der Hündin bei der Geburt sein, es ist aber wahrscheinlicher, daß auch hier ein Erbfaktor eine Rolle spielt. Kleine Nabelbrüche sind meist kein Problem, mit dem Heranwachsen des Jungtieres verschwinden sie im allgemeinen. Bei stärkeren Nabelbrüchen muß man diese beobachten, es könnte zum Einklemmen eines Darmstückes kommen, hierdurch eine Bauchfellentzündung (Peritonitis) ausgelöst werden. Ein starker Nabelbruch kann bei einem Welpen im Alter von 12 Wochen chirurgisch korrigiert werden, dann ist er alt genug, um eine Narkose auszuhalten. Hierbei handelt es sich nur um eine leichte Operation, von der sich der Hund schnell erholt.

Geburtsstörungen

Es gibt Geburten, bei denen eine Hündin nicht in der Lage ist, einen Welpen auszupressen. Dies kann schon beim ersten Welpen der Fall sein, auch nach der Geburt erster Welpen; hierfür gibt es eine Reihe von Ursachen. Der Welpe könnte ungewöhnlich groß sein, könnte im Geburtsgang verklemmt sein oder die Plazenta ist noch fest in der Gebärmutter verankert, und die Nabelschnur reißt nicht ab. Auch tote Welpen verursachen zuweilen Geburtsschwierigkeiten. Die Ursache kann auch bei der Hündin liegen, Gebärmutterschwäche, Verengung im Gebärmutterhorn, Erschöpfung oder auch ausgeprägte Wehenschwäche. Als Folge geringer Welpenzahl kann auch einmal zu schwacher innerer Druck die Ursache sein.

Unabhängig von der Ursache ist es immer schwierig zu entscheiden, ob man in Geduld warten soll, bis der Welpe von selbst geboren wird, oder ob die Hündin wirklich Hilfe braucht. Kommt zum vorgesehenen Geburtstermin die Hündin überhaupt nicht in Wehen, ist es das Beste, abzuwarten, nichts zu tun, bis etwa zum 65. Tag. Man kann davon ausgehen, daß die Welpen am Leben sind, vorausgesetzt die Verzögerung hat keine anderen Ursachen. 48 Stunden nach dem errechneten Geburtstermin sollte man die Angelegenheit mit seinem Tierarzt besprechen.

Zeigt allerdings die Hündin Wehen, fühlt sich offensichtlich schlecht und kann den ersten Welpen nicht gebären, sollte man schnell handeln. Die meisten Hündinnen gebären zwar mit Zwischenzeiten von etwa 20 Minuten, es ist aber durchaus nicht ungewöhnlich, daß zwischen den einzelnen Welpen auch Abstände von 3–4 Stunden auftreten. Während solcher langen Zwischenzeiten ruht sich die Hündin in der Regel aus. Aber wenn die Hündin Wehen zeigt, über längere Zeit deutliche Preßwehen, ist das meist ein Hinweis auf ein Hindernis. In aller Regel ist es besser, aus Vorsicht zu handeln, zu früh tierärztliche Hilfe zu rufen als zu spät. Ein Welpe, der zu lange im Geburtsweg steckt, könnte tot geboren werden, aber was noch schlimmer ist, er blockiert auch die gesamten weiteren Welpen.

Kapitel zwei

WELPEN-AUFZUCHT

DIE ERSTEN DREI LEBENSWOCHEN

Über die ersten drei Wochen ernährt die Hündin ihre Welpen weitgehend alleine. In dieser Zeit ist es die Hauptaufgabe des Züchters, dafür zu sorgen, daß die Hündin genügend Nahrung und Flüssigkeit erhält, um die notwendige Milchmenge an die Welpen abgeben zu können.

Frißt die Hündin nach der Geburt wieder normal, das sollte spätestens nach 4–7 Tagen sein, erhält sie täglich zumindest zwei Mahlzeiten. Für jede Mahlzeit braucht sie ungefähr ein Kilo Futter, die genaue Menge ist von Hündin zu Hündin verschieden. Man gibt ihr nährstoffreiche Nahrung mit etwa 30% Proteingehalt. Zusätzlich erhält sie zum Trinken Milch, Knochenbrühe oder Tee in regelmäßigen Zeitabständen. Man achte darauf, daß sie stets Trinkwasser verfügbar hat. Bis etwa zum 10. Tag kann man ihr Kalziumampullen verabreichen, danach erhält sie täglich einen Eßlöffel Kalzium ins Futter.

Über die ersten fünf Tage verläßt die Hündin nur außerordentlich ungerne ihre Welpen. Möglicherweise ist es sinnvoll, sie in dieser Zeit in der Wurfkiste zu füttern. Keinesfalls sollte man das Futter in der Wurfkiste stehen lassen, wenn man das Zimmer verläßt. Viele Hündinnen verteidigen ihre Nahrung, gleich ob sie das Futter mögen oder nicht, eventuell sogar gegen die eigenen Welpen. Oft erweist es sich als notwendig, die Welpen vorübergehend in die Welpenbox zu stecken, um die Hündin aus der Wurfkiste herauszubringen. Hat sie die Wurfkiste verlassen, sollte man sie zum Lösen ausführen. Über die nächsten zehn Tage erweist sich die Hündin zunehmend bereit, ihre Welpen über kurze Zeitabschnitte allein zu lassen. Danach verbringt die Hündin meist mehr Zeit ohne ihre Welpen als mit ihnen, zuweilen muß man sie nachhaltig dazu anhalten, ihre Welpen zu säugen.

Über die ersten drei Wochen beobachtet man ein stetiges Wachstum der Welpen in Größe wie Gewicht. Es gibt immer Unterschiede von Wurf zu Wurf, von Welpe zu Welpe, aber als ungefähres Maß vermehren Dobermannwelpen ihr Geburtsgewicht von etwa 420 g bis zum Alter von drei Wochen auf 1,5 kg. Mit zehn Tagen öffnen sich die Augen, die volle Sehfähigkeit tritt aber erst mit 2½ Wochen ein. Etwa zur gleichen Zeit öffnen sich nach und nach die Ohren und erreichen langsam volle Funktionsfähigkeit. Der Geruchssinn ist bereits in viel früherem Alter entwickelt. Das erkennt man daran, daß die Welpen sich immer in Richtung auf die Hündin bewegen, vom Augenblick ihrer Geburt an die Zitzen wahrnehmen können.

Die Krallen der Welpen wachsen schnell, sind sehr spitz, man sollte sie regelmäßig alle paar Tage schneiden. Vergißt man dies, zerkratzen sie das Gesäuge, was nicht nur Wunden auslöst, sondern auch die Hündin langsam unwillig werden läßt, ihre Welpen zu säugen. Das Nägelschneiden erfolgt mit einer Schere mit stumpfen Enden. Dabei wird ein Scherenblatt unter den kleinen Nagel gestellt, dann schließt man die Schere, bis die darüberstehende krumme Nagelspitze abgeschnitten ist.

Beim Nagelschneiden muß man genau darauf achten, nur die Spitze zu entfernen, man könnte sonst leicht ins „Leben“ schneiden.

Wird das Gesäuge der Hündin wund, meist durch die Nägel ihrer Welpen, sollte man sie mit einer Babycreme oder antiseptischer Salbe einreiben. Natürlich darf man keinerlei Salben verwenden, die beim Ablecken für Hündin oder Welpen gefährlich sein könnten.

Coupieren

Nach dem englischen Rassestandard ist heute das Rutencoupieren freiwillig, englische Züchter brauchen Dobermänner nicht coupieren zu lassen. Grundsätzlich hatte aber der Züchter schon immer das Recht, Ruten uncoupiert zu lassen, dies wurde aber nur äußerst selten in Anspruch genommen, da es im Widerspruch zum Rassestandard steht. Der Dobermann ist weltweit als Hunderasse mit coupierter Rute bekannt. Entschließt man sich gegen das Coupieren, muß man sich darüber im klaren sein, daß sich ein Verkauf als recht schwierig erweisen könnte. Über das Coupieren gibt es eine sehr kontroverse Diskussion; meine Auffassung ist, daß der Dobermann noch immer zu den coupierten Hunderassen gehört, ich hoffe, daß dies auch in Zukunft so sein wird. Die kurze Rutenlänge gehört zu den wichtigen Rassemerkmalen, verleiht den Hunden ihre klassische Symmetrie, ihre Eleganz, ist wesentlicher Bestandteil des Rassebildes.

Im allgemeinen werden Welpen am dritten Tag coupiert, sind sie sehr klein, verschiebt man es auf den vierten. Der Rassestandard verlangt, daß die Rute am ersten oder zweiten Schwanzwirbel coupiert werden soll, ich selbst bevorzuge Coupieren am zweiten oder dritten Wirbel, hierdurch gewinnt man genügend Rutenlänge, um den Hund gut ausbalanciert wirken zu lassen. Aus eben diesem Grund bin ich der Auffassung, daß Coupieren am ersten Schwanzwirbel zu kurz ausfällt.

Grundsätzlich verlangt das Tierschutzgesetz ein Coupieren der Ruten durch den Tierarzt, und dies aus gutem Grund. Das Rutencoupieren verlangt einige Erfahrung, hierauf sollte man auch bei dem beauftragten Tierarzt achten.

Das Coupieren der Ohren ist in den meisten FCI-Ländern heute durch nationale Tierschutzbestimmungen verboten, nach dem Rassestandard aber fakultativ noch immer vorgesehen. Auch diese Operation bedarf beträchtlicher persönlicher Erfahrung, sollte nur von Spezialisten vorgenommen werden. Das Coupierverbot erspart heute den Welpen eine recht umstrittene Schönheitsoperation.

Unten: *Mit dem Heranwachsen der Welpen wachsen gleichzeitig die Krallen, man sollte sie vorsichtig alle paar Tage kürzen.*

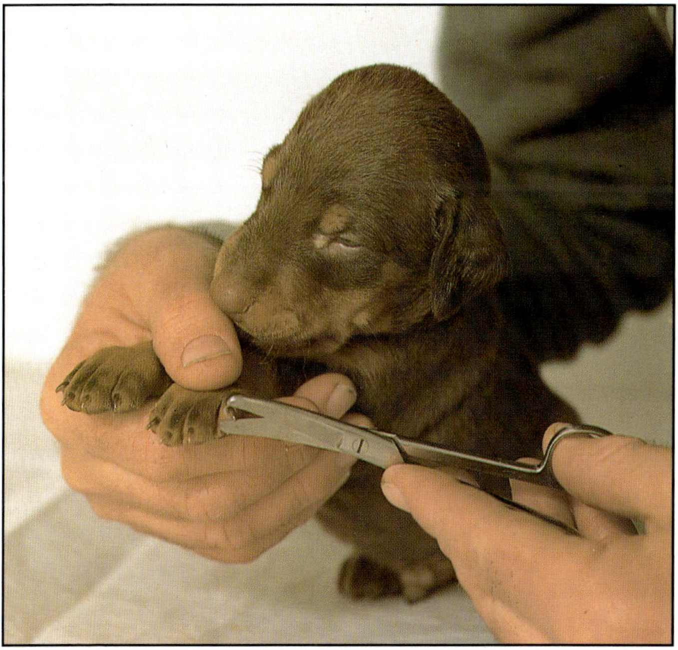

Wolfskrallen

Wolfskrallen, die den menschlichen Daumen entsprechen, treten normalerweise nur an den Vorderläufen auf. Man kann diese gleichzeitig mit dem Rutencoupieren durch den Tierarzt entfernen lassen, an den Hinterläufen müssen sie entfernt werden. Läßt man sie stehen, kann sich der Hund leicht dadurch verletzen. Genau wie das Rutencoupieren ist das Entfernen von Wolfskrallen alleine Aufgabe des Tierarztes.

FÜTTERUNG UND PFLEGE

Sind die Welpen erst einmal drei Wochen alt, sind sie ausreichend entwickelt, um andere Nahrung als Milch zu verdauen. Ab diesem Zeitpunkt verlangen die Welpen stark steigende Milchmengen von der Mutterhündin, die sie aller Wahrscheinlichkeit nach nicht zu bieten vermag. Ab jetzt lockern sich auch die engen Bande zwischen Mutter und Welpen, die Hündin säugt ungerne, insbesondere weil die Milchzähne der Welpen durchgestoßen sind, das Gesäuge verletzen. Ab drei Wochen ist es deshalb notwendig, mit dem Füttern der Welpen zu beginnen. Bis zum Entwöhnen von der Mutter dauert es im allgemeinen zwei Wochen. Dies ist eine Übergangsperiode, in der die Welpen bereits feste Nahrung aufnehmen, aber ergänzend immer noch Muttermilch erhalten. Ab einem Alter von fünf Wochen sollten die Welpen genügend feste Nahrung aufnehmen, um nicht mehr auf die Hündin angewiesen zu sein, man kann es ihnen aber weiter erlauben, ergänzend Muttermilch zu saugen, muß aber wissen, daß in diesem Alter die von der Hündin verfügbare Futtermenge immer mehr schwindet.

Bereits ab drei Wochen werden die Welpen von Tag zu Tag beweglicher, man kann jetzt ihren Auslauf erweitern, sie sollten die Wurfkiste zum Lösen verlassen können.

Über die ersten Tage sollte man die Welpen, wann immer sie aufwachen oder man sie stört, auf den Boden heraussetzen, so daß sie schnell lernen, ihr Lager nicht mehr zu beschmutzen. Haben sie das Not-

Unten: *Schon drei Wochen alte Welpen können so erzogen werden, daß sie ihr eigentliches Lager nicht mehr verschmutzen, ausgelegtes Zeitungspapier wird zum Löseplatz.*

wendige erledigt, kann man sie wieder in die Wurfkiste zurücksetzen. Nach ein oder zwei Tagen finden die Welpen ihren eigenen Weg aus und in das Lager, es entspricht normalem Hundeverhalten, das Lager nicht zu verschmutzen. Allerdings sollte man die Welpen noch einige Zeit nachts über auf die Wurfkiste begrenzen, solange man nicht sicher ist, daß sie immer in die Wurfkiste zurückfinden. Sonst könnte sich ein Welpe im Wurfzimmer verirren, sich möglicherweise erkälten.

Auch wenn die Welpen bereits die Wurfkiste alleine verlassen, sollte man mit der Erziehung zur Reinlichkeit fortfahren. In diesem Zeitabschnitt ist es besser, das Tuch aus der Wurfkiste zu nehmen, durch Zeitungen zu erstezen, da man diese schneller auswechseln kann. Am besten legt man in eine Ecke der Wurfkiste ein festes Tuch oder einen rechteckigen Teppich, dadurch haben die Welpen einen weichen Schlafplatz, der übrige Boden ist mit Zeitungen ausgelegt. Diese Erziehung zur Sauberkeit des Nestes braucht etwa eine Woche, hat man diese überstanden, sind die Welpen lagerrein, kann man das Zeitungspapier wieder durch normale Einlagen ersetzen.

Zieht man die Welpen in einem Zwinger oder einem außengelegenen Gebäude auf, hat sich die Verwendung von Sägemehl auf dem Boden bewährt, man erhält Sägemehl leicht, hat es wenn nötig schnell zusammengekehrt und ausgewechselt. Sägemehl hält den Zwingerboden trocken, man muß aber darauf achten, daß man Sägemehl von gesundem Holz erhält, es sauber und trokken ist. Zu feines Sägemehl oder Sägemehl aus einer Werkstatt, die Holz chemisch behandelt, sollte unbedingt gemieden werden.

Zieht man die Welpen innerhalb des Hauses auf, wird allgemein Zeitungspapier auf dem Fußboden vorgezogen. Man muß aber wissen, daß, wenn Welpen erst einmal älter als vier Wochen werden, sie recht viel Schmutz machen, dann kann es besser sein, sie in den Zwinger umzusiedeln oder in einen separaten Raum, wenn man entsprechende Möglichkeiten hat. Bei der Auswahl von Räumlichkeiten muß man darauf achten, daß die Welpen zugfrei und genügend warm gehalten werden, die Raumtemperatur sollte etwa bei 15°C liegen. Auch sollte man weiterhin die über den Welpen hängende Infrarot-Lampe beibehalten. Zieht man Welpen im Sommer auf, braucht man tagsüber meist keinerlei Beheizung, aber es kann durchaus empfehlenswert sein, nachts die Infrarot-Heizung einzuschalten. Natürlich bedarf es bei der Heizung jeweiliger Abstimmung mit dem Wetter. Ist beispielsweise die Außentemperatur besonders hoch, braucht man möglicherweise Einrichtungen, die Raumtemperatur der Welpen kühler zu halten.

Die Aufzucht von Welpen verursacht dann und wann auch Probleme, manchmal mögen sie nur sehr zögerlich Nahrung aufnehmen oder lehnen Mahlzeiten völlig ab. Eine etwas philosophische Haltung des Züchters ist gut gegen aufkommenden Frust. Zuweilen sieht es die Hündin als ihre Pflicht an, von den Welpen stehengelassenes Futter abzuräumen; zumindest dies gewährleistet, daß das Futter nicht völlig verschwendet ist.

Jeder Züchter hat seine eigenen Ansichten und Vorstellungen über Fütterung und Aufzucht seiner Welpen, die Erfahrung zeigt, daß die meisten recht erfolgreich mit ihren Methoden sind. Dies legt die Vermutung nahe, daß es kein absolutes Richtig oder Falsch in der Aufzucht gibt, solange die Welpen in regelmäßigen Abständen angemessenes hochwertiges Futter erhalten.

Die erste Fütterung

Das Beste für die erste Fütterung im Alter von drei Wochen ist rohes Fleisch. Man kauft hierfür erstklassiges Rindfleisch, dieses wird für die Welpen geschabt oder in sehr kleine Stücke geschnitten. Als Alternative kann man erstklassiges Hackfleisch anbieten, das aber keinesfalls Fett enthalten darf. Bei der Vorbereitung der Mahlzeit macht man für jeden Welpen einen kleinen Fleischkloß, Abfälle erhält die Mutterhündin. Es ist schwierig, genau anzugeben, wieviel der einzelne Welpe anfänglich erhält, 50–70 g Fleisch sind meist eine angemessene Menge. Anfangs sollte man die Welpen einzeln füttern, damit stellt man sicher, daß jeder seine richtige Futtermenge erhält. Am besten setzt man den Welpen auf seinen Schoß oder auf einen Tisch, achtet sorgfältig darauf, daß er nicht fallen kann und hält ihm seine Fleischration unter die Nase. Schon alleine der Fleischgeruch veranlaßt die meisten Welpen, mit der Mahlzeit zu beginnen.

Ist dies nicht der Fall, kann man dem Welpen ein kleines Fleischstückchen in den Mund schieben, damit er auf den Geschmack kommt. Nur sehr selten dauert es länger, bis das Fleisch verzehrt ist. Es kann aber anfangs durchaus passieren, daß nicht jeder Welpe die vorgesehene Menge annimmt. Dies ist kein Problem, man kann durch Fütterung die Entwicklung des Welpen nicht beschleunigen.

Nie sollte man einem Welpen zuviel Fleisch ins Mäulchen stecken, man läßt ihn

Oben: *Mit der Fütterung beginnt man im Alter von drei Wochen. Die ersten Mahlzeiten bestehen aus gutem Schabefleisch.*

immer zunächst ein kleines Stück schlukken, ehe man das nächste anbietet. Welpen können leicht mehr Fleisch aufnehmen als hinunterschlucken, dann bleibt das Fleisch im Gaumen kleben. Hat sich ein Welpe verschluckt, kann man ihm mit den Fingern helfen, im Gaumen hängendes Fleisch wieder zu lösen. Nach dem Füttern sollte jeder von seinen wartenden Wurfgeschwistern getrennt werden, so daß man immer weiß, wer schon Futter bekommen hat und wer nicht. Über die ersten zwei Tage der Zusatzfütterung reicht eine Mahlzeit mit rohem Fleisch. Dabei hat es sich als vorteilhaft erwiesen, die Fleischmahlzeit abends zu geben, die Welpen schlafen mit vollem Bauch dann die Nacht durch.

Der dritte Tag

Bis zum dritten Tag sollten die Welpen sich genügend weiter entwickelt haben, um zwei Mahlzeiten täglich zu fressen. Man kann morgens eine Art Rührei, abends das rohe Fleisch füttern. Wiederum ist es besser, es den Welpen einzeln zu geben, so daß man weiß, daß jeder Welpe genügend Möglichkeit hat, fressen zu lernen. Man schüttet etwas Rührei auf einen kleinen Teller, hält den Welpen fest in der Hand, den Teller in der anderen. Sind die Welpen gut entwickelt und sehr hungrig, lernen sie schnell, daß man ihnen so Futter bietet. Gelegentlich wird man sich aber immer wieder mit dickköpfigen Nichtfressern auseinandersetzen müssen. Ist dies der Fall, sollte man sich nicht aufregen – es ganz einfach am nächsten Tag wieder versuchen. Manchmal hilft es, die Welpennase zart auf die Oberfläche der Eierspeise zu führen, der Welpe leckt sich dann Nase und Mund ab, entdeckt den Geschmack. Für eine solche Eierspeise schlägt man zwei Eier in einem hohen Gefäß zusammen mit einem halben Liter Milch, stellt dies dann etwa 5 cm tief in einen Topf Wasser, bringt dies zum Kochen. Nachdem das Wasser etwa 5 Minuten gekocht hat, läßt man das Ganze für weitere fünf Minuten ziehen.

Eierspeise ist als Anfangsnahrung besonders gut, sehr nährreich, halb flüssig für die Welpen, so daß sie es vom Teller ablecken können. Diese Nahrung bildet eine sinnvolle Übergangsfütterung zwischen Saugen und Fressen. Alternativ zu solcher Eiermischung ist eine Hühnersuppe zu empfehlen. Man kann sie in Büchsen kaufen, so daß die Zubereitung einfach ist. Man füttert Hühnersuppe handwarm, niemals heiß.

Der fünfte Tag

Bis zum fünften Tag nach der ersten Fütterung sollten die Welpen genügend gelernt haben, um von jeder angebotenen Mahlzeit eine angemessene Futtermenge zu fressen. Die Anzahl der Mahlzeiten wird auf drei über den Tag verteilt erhöht. Ab diesem Alter kann jetzt auch das Futter in einer großen Schüssel für eine gemeinsame Mahlzeit vorgesetzt werden. Das hat den zusätzlichen Vorteil, daß ein tüchtig fressender Welpe die anderen anregt, ebenso zuzulangen. Natürlich gibt das zunächst einigen Schmutz, weil sie mit den Pfoten in die Schüssel treten, Futterreste dadurch über den ganzen Raum verteilen und sich gegenseitig beschmieren. Das beste ist, sie eine Zeitlang gewähren zu lassen, dann die Hündin zu den Welpen zu schicken, die im allgemeinen mit großem Vergnügen Schüssel und Welpen von den Futterresten reinigt.

Eierspeise und Hühnersuppe sind weiter gute Mahlzeiten, jetzt kann man aber auch bereits trockenes Brot in der Suppe aufweichen (kommen die Welpen schnell voran, kann man auch schon früher Zeralien einbauen). Die exakte Futtermenge hängt von der Anzahl der Welpen und ihrem Appetit ab. Man findet dies schnell ganz einfach durch Ausprobieren heraus. Bis zum Alter von vier Wochen sollte man die Anzahl der Mahlzeiten auf vier eingerichtet haben. Viele Züchter füttern allerdings über die ersten drei Wochen fünf Einzelmahlzeiten. Nach meiner Erfahrung sind dies zu viele, die Welpen können nach so kurzen Zeitabständen gar nicht schon wieder hungrig sein. Bis die Welpen mit 8–12 Wochen verkauft werden, bleibt es bei drei bis vier täglichen Mahlzeiten.

Der siebte Tag

Ab dem sieben Futtertag – also einem Lebensalter von vier Wochen – ersetzt man langsam das Brot in den Brühen durch Fertignahrung. Fertignahrung ist nahrhafter, bietet auch zusätzliche Ballaststoffe, läßt sich aber immer noch so suppig füttern, daß mehr getrunken als gekaut wird. Alternativ kann man auch den Welpen eine Mischung von Fleisch mit Hundeknochen oder Fleisch mit Fertigfutter anbieten. Kaninchenfleisch ist besonders willkommen, die meisten Welpen mögen es besonders gerne. Die leichteste Art, Kaninchen zu verfüttern, ist das Vorkochen im Dampfdruckkochtopf. Es ist zwar eine mühselige Arbeit, das Fleisch säuberlich von den Knochen zu lösen, aber es lohnt die Mühe, alle unsere Junghunde nahmen dieses Fleisch nur zu gerne. Man schneidet das Fleisch in kleine Stücke, setzt Fleischbrühe hinzu, in der trockenes Brot oder etwas Fertigfutter eingeweicht wurde. Von einem Kaninchen kann man über mehrere Mahlzeiten füttern. Natürlich kann man auch anderes Fleisch verfüttern, es muß aber immer frisch sein, darf nicht zuviel Fett enthalten. In diesem Alter ist es besser, grobes Fertigfutter noch zu meiden, es ist für die Welpen noch zu fest, selbst wenn es eingeweicht wurde. Gut aufgeschlossene Futterflocken machen einen vorzüglichen Futterbrei. Frische Milch darf zur Vermeidung von Durchfall nur angereichert mit industriell vorgefertigter Hundemilch verwendet werden. Die Futtermittelindustrie bietet recht brauchbares Welpenfutter in Büchsen.

Natürlich gibt es noch eine große Anzahl anderer Futtermittel, die in der ersten Woche der Zufütterung bereits eingesetzt werden können. Rohe Eier sind im allgemeinen hochwillkommen. Viele Züchter sehen auch in Quark und Yoghurt eine sehr gute Nahrung. Das Gemeinsame an den meisten dieser Futtermittel ist der hohe Proteingehalt, leichte Verdaulichkeit, und daß sie relativ flüssig angeboten werden können.

Vier bis fünf Wochen

Im Lebensalter von 4–5 Wochen wird der tägliche Rhythmus von drei bis vier Mahlzeiten gefestigt, die Hauptmahlzeiten gibt man morgens und abends, eine oder zwei leichtere auf Milchprodukten aufgebaute Mahlzeiten mittags und nachmittags. Schon in diesem Alter ist eine der industriell vorgefertigten Welpennahrungen das beste, sie bieten eine ausgewogene Ernährung und sind leicht zuzubereiten. Im Idealfall füttert man eine proteinreiche (etwa 27%) Welpennahrung. Vor Gebrauch wird das Trockenfutter in heißem Wasser zum Quellen gebracht. Anfänglich füttert man ziemlich suppig, gibt eine kleine Menge an Milch, Hühnersuppe oder Fleischbrühe hinzu. Anstelle der Fleischbrühe kann man auch eine Büchse Futterfleisch verwenden, dies fein zerkleinern und dann als Geschmacksanreiz in die Futtermischung rühren. Die jeweilige Fleischmenge ist abhängig von der Welpenzahl, man sollte aber hier durchaus sparsam vorgehen.

Nur wenige Tage später können die Welpen auch mit normal zum Quellen gebrachtem Fertigfutter gefüttert werden. Aber Hühner- oder Ochsenschwanzsuppe über das Futter gegeben sind appetitanregend für die Welpen – wenn sie überhaupt eine solche Anregung brauchen.

Während dieser Entwicklungsperiode ist es ratsam, den Welpen täglich ein paar Tropfen Vitaminlösung ins Futter zu geben. Die Vitaminlösung muß die Vitamine

A, B, C und D enthalten, dieser Zusatz erfolgt bis zum Einsatz des industriell vorgefertigten und vitaminierten Welpenfertigfutters. Ein Welpe braucht täglich einen Tropfen Vitaminkonzentrat. Da diese unterschiedlich sind, beachte man die Herstellerhinweise. Einer der großen Vorteile von Ferftigfuttermischungen ist, daß sie nicht nur eine ausgewogene Ernährung bieten, sondern auch alle notwendigen Vitamine und Mineralien enthalten.

Ab einem Alter von vier Wochen stellt man auch eine stabile Schüssel mit Wasser für die Welpen bereit. Es ist überraschend, wie schnell sie das Trinken lernen. Die Schüssel muß schwer sein, einen breiten Sockel haben, so daß sie nicht umgeschmissen und herumgetragen wird. Das Wasser muß häufig gewechselt werden.

Ab vier Wochen interessieren sich die Welpen viel stärker für ihre Umwelt, reagieren auch mehr auf menschliche Annäherung. Es ist ein ganz faszinierendes Erlebnis, diese täglichen, immer neuen Fortschritte. Besonders in diesem Alter (aber auch früher!) sollte man den Welpen viel Körperkontakt geben, mit ihnen sprechen. Völlig abgesehen von der vielen Freude, die nun einmal Welpen mit sich bringen, ist eine frühe Sozialisation von außerordentlicher Wichtigkeit. Die Hunde gewöhnen sich an den Menschen. Jetzt müssen die Welpen auch lernen, über längere Zeitabschnitte vom Menschen getrennt zu sein. Ein im Welpenraum spielendes Radio gewöhnt die Welpen an Alltagsgeräusche, vermittelt ihnen das Gefühl der Gemeinschaft mit dem Menschen.

Fütterung der Hündin

Auch über die Entwöhnungszeit von 4–5 Wochen erhält die Hündin noch reichlich Futter. Sie bekommt jetzt täglich zwei Mahlzeiten, um sie langsam wieder in Spitzenkondition zu bringen. Man sollte der Hündin je nach Verfassung etwa je 1,1 kg Futter morgens und abends anbieten. Diese Futtermenge muß natürlich reduziert werden, wenn die Hündin ohne stärkeren Gewichts- oder Konditionsverlust über die vorangegangenen Wochen gekommen ist. Auch Wasser muß weiterhin verfügbar sein, aber die Flüssigkeitsmenge wird reduziert, nur noch ein viertel Liter Milch oder etwa 450 g Reis/Milchmischung scheinen angemessen. Wenn die Hündin ihre Welpen auch noch in gewissem Umfang saugen läßt, fordern sie immer weniger Milch ab, und man muß für den Rückgang der Milchproduktion sorgen. Hierfür ist eine stufenweise Reduktion der Flüssigkeitsmenge besser als ein plötzlicher Entzug.

FÜNF BIS ZWÖLF WOCHEN

Fütterung

Ab fünf Wochen bleibt es bei drei Mahlzeiten täglich. Die zwei Hauptmahlzeiten bestehen entweder aus Fleisch mit Zeralien oder Fertigfutter. Verwendet man Fleisch mit Zeralien, sollte das Fleisch leicht angekocht sein. Man kann Fleischbrühe verwenden, um die Zeralien einzuweichen. Bis zum Alter von 12 Wochen füttert man speziell auf Welpenfütterung abgestimmte Zeralien, ab 12 Wochen kann man auch Futterflocken und Mischungen für erwachsene Hunde verwenden, sie sollten aber nicht zu grob sein. Bei Fleischfütterung achte man darauf, daß die Ernährung ausgewogen ist, etwa ⅓ Fleisch, ⅔ Zeralien. Die Futtermengen werden parallel zum Wachstum der Welpen vergrößert – auch hier wieder muß man ganz einfach ausprobieren. Man überläßt den Welpen auf etwa fünf Minuten die Futtermenge, je nachdem ob das Futter hungrig aufgenommen wird oder etwas übrig bleibt, wird die nächste Mahlzeit angepaßt. Als groben Hinweis kann man bei sechs Wochen alten Welpen bis zu 450 g je Welpen und Mahlzeit anbieten. Es ist kein Grund zur Beunruhigung, wenn die Welpen nach der Mahlzeit aufgetrieben erscheinen – ein kurzer Schlaf danach bringt sie wieder in Ordnung.

Entwurmung

Die meisten Tierärzte empfehlen eine erste Entwurmung im Alter von 2–3 Wochen. Eine Spulwurmkur muß spätestens dann erfolgen, wenn die Welpen fressen gelernt haben, also zwischen 3½ und 4 Wochen. Eine Reihe von Welpen sind stark von Spulwürmern befallen, ohne Spulwurmbekämpfung kann es zu schwerwiegenden Störungen führen, die Würmer blockieren die Därme, können zuweilen sogar die Darmwand durchbohren. Spulwürmer sind für Welpen eine ständige Gefahr, können in Extremfällen zum Tode führen.

Nach erfolgreicher Entwurmung wachsen die Welpen schneller, weil ihnen der volle Nährwert ihrer Fütterung alleine zukommt. Neben der großen Erleichterung für die Welpen gibt es auch eine Allgemeinverpflichtung, Hunde zu entwurmen, man verringert dadurch das Risiko, daß Würmer und Wurmeier die Umgebung infizieren.

Für die erste Entwurmung verwendet man in England gerne eine schokoladengesüßte Wurmlösung auf Piperazinbasis. Diese wird direkt vor der Fütterung gegeben. Die Dosis beträgt ungefähr 1 ml, man ver-

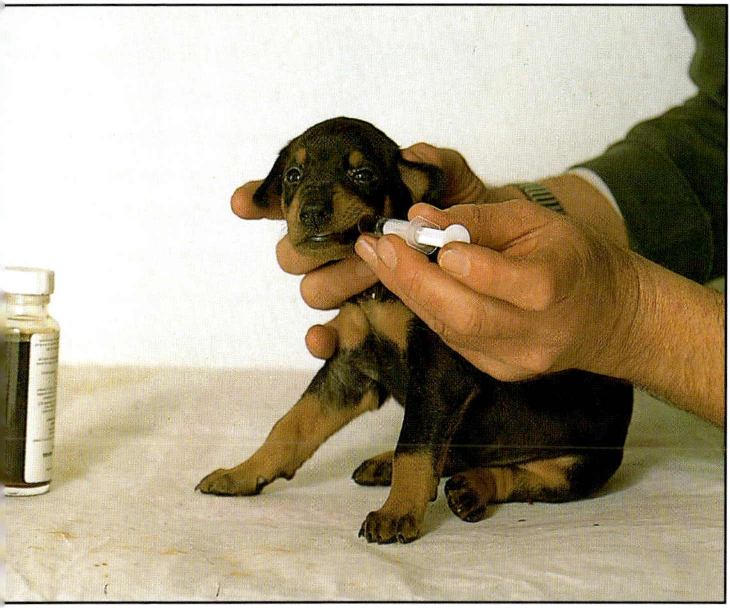

abreicht sie am besten mit einer nadellosen Plastikspritze. Wurmmittel darf man nie überdosieren, dies kann zu Schäden führen; es ist viel besser, ein paar Tage später eine zweite Dosis zu verabreichen. Man muß gut aufpassen, um sicherzustellen, daß jeder Welpe nur einmal entwurmt, aber auch keiner vergessen wird. Der Vorteil dieses Wurmmittels ist, daß es den Hunden schmeckt, durch seine flüssige Form bis an die Würmer herankommt. In Deutschland hat sich als Wurmmittel das Piperazinprodukt „Banminth" bewährt, es zeigt nach langjähriger Erfahrung keinerlei Beeinträchtigung der behandelten Welpen, wird in Pastenform verabreicht. Nach der Wurmkur müssen die Aufenthaltsräume der Welpen gründlich gereinigt werden.

Im allgemeinen ist eine zweite Entwurmung etwa im Alter von sechs Wochen angezeigt. Auch für diese zweite Entwurmung empfiehlt sich ein Piperazinpräparat, in Deutschland Banminth von der Firma Pfizer. Da die Hündin über die gesamte Wurfzeit den Kot der Welpen aufgenommen hat, ist sie aller Wahrscheinlichkeit nach ebenfalls verwurmt. Auch sie sollte nach der Säugezeit entwurmt werden.

Nicht selten tritt im Alter zwischen drei und sechs Wochen bei Welpen leichter Durchfall auf, obgleich sie im übrigen völlig gesund und fit erscheinen. Dies hängt meistens mit der Milchernährung zusammen, auch mit Umstellungen in der Ernährung und den Auswirkungen der Wurmkur. Im allgemeinen löst sich dieses Problem von selbst, ohne Behandlung. Man muß aber sorgfältig überwachen, hält der Durchfall an, bedarf es der Behandlung. In England verwendet man hierfür Neomycin-Tropfen, allgemein bewährt haben sich Kohletabletten (in Wasser aufgelöst, mit nadelloser Spritze ins Mäulchen gegeben).

Oben: *Für die Entwurmung mit flüssigen Entwurmungsmitteln kann man eine nadellose Plastikspritze verwenden, mit deren Hilfe Entwurmungsmittel mit Schokoladengeschmack seitlich in die Lefzen eingeführt wird.*

In allen Zweifelsfällen sollte man bei länger als zwei Tage andauerndem Durchfall unbedingt den Tierarzt konsultieren, es kann sich in einigen Fällen bei Durchfall auch um eine der gefürchteten infektiösen Welpenerkrankungen handeln. Das Sparen von Tierarztkosten kann dann das Leben des gesamten Wurfes aufs Spiel setzen.

Körperkontakt

Welpen brauchen unbedingt über die gesamte Aufzuchtphase körperlichen Kontakt zum Menschen. Man sollte Welpen berühren, mit ihnen spielen, so oft man kann, sie an normale Haushaltsgeräusche und -tätigkeiten gewöhnen. Dadurch werden ihnen

Oben: *Nachdem der Züchter seine Welpen sorgsam gezüchtet und gut aufgezogen hat, sie alle gesund sind, geht es darum, ihnen ein gutes Zuhause zu beschaffen.*

alle diese Dinge bei einer Begegnung im späteren Leben bereits vertraut sein. Allerdings sollte man nicht allen Freunden oder gar Fremden erlauben, die Welpen anzufassen, dadurch könnte eine Infektion eingeschleppt werden. Dies gilt besonders, wenn andere Menschen ebenfalls Hunde haben. Dabei geht es nicht darum, ob deren eigene Hunde etwa krank wären, es besteht ganz einfach die Gefahr einer Kreuzinfektion, die natürlich auch durch die Kleidung übertragen werden kann.

Etwa ab einem Alter von sechs Wochen kommt es unter Dobermann-Welpen zu ersten Streitigkeiten. Im allgemeinen sind die Rüden dabei am schlimmsten, es gibt aber auch Hündinnen, die eine Auseinandersetzung genauso lieben. Für den Notfall sollte man darauf eingerichtet sein, Welpen in mehrere, nicht gleichgeschlechtliche Paare aufzuteilen, dies erfordert einigen Raum. Vorsicht mit Spielzeug, man muß aufpassen, das Welpenspiel beobachten. Spielzeug beschäftigt zwar die Welpen recht gut, es kann aber zu dem berühmten „Knochen der Zwietracht“ werden, der Streitigkeiten auslöst. Man muß in regelmäßigen Abständen seine Welpen sorgfältig beobachten, sich zum Beispiel vergewissern, daß sie sich nicht gegenseitig die Ruten abkauen. Zuweilen passiert es sogar, daß ein Welpe am Penis eines Rüden herumkaut, was sicher Probleme auslösen kann. Kommt es dabei zu Infektionen, muß der betroffene Welpe abgetrennt und in schweren Fällen mit Penicillin und desinfizierenden Mitteln behandelt werden.

Im allgemeinen verliert die Hündin etwa ab sieben Wochen ihr allgemeines Interesse an den Welpen. Nach dieser Zeit kontrolliert sie eigentlich in erster Linie, ob die Welpen vom Züchter anständig behandelt und gefüttert werden. Im Alter zwischen drei bis sieben Wochen sollte man der Hündin geregelten Zugang zu den Welpen ermöglichen, etwa ab vier Wochen Säugezeit schwindet langsam die Milchbildung. Hat die Hündin danach noch genügend Milch, ist es angezeigt, sie einmal täglich zu den Welpen zum Säugen zu geben. Man sollte aber gleichzeitig durch Einschränkung der Flüssigkeitsaufnahme die

Milchproduktion hemmen. Bei noch immer starker Milchbildung reicht ein Antihistaminprodukt, daß die Milchbildung ziemlich rasch stoppt. Die meisten Hündinnen erreichen ihre elegante untere Linie nach dem ersten Wurf wieder, bei vielen ist dies auch nach dem zweiten Wurf noch der Fall. Man sollte sich aber bei Zuchthündinnen damit abfinden, daß diese nicht unbedingt immer wieder ihre jungfräuliche Figur zurückgewinnen.

DER VERKAUF

Der Welpenverkauf gehört zu den schwierigsten Problemen der Hundezucht. Sehr leicht bilden sich starke Gefühlsbindungen, so daß sich der Züchter zuweilen vorkommt, als verkaufe er seine eigenen Kinder. Man muß sich hier einfach bewußt werden, daß man mit dem Verkauf eines Welpen an seinen neuen Besitzer ihm die Möglichkeit schafft, sein eigenes Zuhause zu finden, seine eigene Persönlichkeit zu entfalten.

Man sollte nie Welpen vor einem Alter von sieben Wochen verkaufen, viele Züchter halten sie zumindest über acht Wochen. Hier sind auch die individuellen Vorschriften der Zuchtclubs zu beachten. Mit acht Wochen sind Welpen groß und stark genug, um ihr eigenes Leben aufzubauen. Bis dahin sollten sie mehrfach entwurmt, an drei Mahlzeiten täglich gewöhnt sein. Die meisten Zuchtvereine schreiben eine komplette Schutzimpfung der Welpen vor dem Verkauf vor. Dies ist im Alter von acht Wochen nicht unproblematisch. Im allgemeinen verfügen die Welpen noch durch die Muttermilch über genügend Antikörper, Schutzimpfungen mit acht Wochen bilden deshalb nur eine Zwischenlösung. Die Hauptschutzimpfung sollte in jedem Fall im Alter von 12 Wochen beim Tierarzt vorgenommen werden. Es ist üblich, daß Impfkosten dem Käufer separat in Rechnung gestellt werden.

Man sollte für seine Welpen einen fairen Preis verlangen, am besten zieht man hier Erkundigungen ein, wenn man sich unsicher fühlt. Dabei muß man wissen, daß man als Züchteranfänger im allgemeinen nicht die gleichen Preise erzielen kann wie gut eingeführte und renommierte Züchter, selbst wenn die eigenen Welpen objektiv genausogut sind wie deren Nachzuchten. Manchmal ist es besser, einen mäßigen Preis zu fordern, die Welpen schnell zu verkaufen, als auf einem höheren Preis zu bestehen und die Welpen viel länger behalten zu müssen. Die wachsende Beliebtheit der Rasse bringt es mit sich, daß viele Hündinnenhalter Welpen züchten, die Kaufinteressenten haben dadurch eine breite Auswahl. Es bedarf aber möglicherweise nur eines geringfügigen Rückgangs der Nachfrage, vielleicht nur eine gleichbleibende. Dies könnte bereits dazu führen, daß das Welpenangebot größer wird als die Nachfrage. Es ist deshalb von entscheidender Wichtigkeit, daß jeder Züchter sich vor dem Decken seiner Hündin vergewissert, daß er wirklich seine Welpen an vernünftige Käufer absetzen kann. Dies verlangt natürlich, daß man auch seine Welpen so gut als möglich aufzieht und füttert – sie sollten glatt, rund und völlig gesund sein. Käufer werden schnell abgeschreckt, wenn sie dünne, krank aussehende Welpen sehen, die sogar noch Flecken im Fell aufweisen oder in unsauberer und unhygienischer Umgebung aufgewachsen sind. Wie bei allen Verkäufen ist die Präsentation junger Hunde von großer Wichtigkeit. Im allgemeinen muß man Welpen annoncieren, um Käufer zu interessieren. Solche Inserate kann man in den Tageszeitungen oder in Hundemagazinen aufgeben. Natürlich ist die beste Empfehlung diejenige, die von Mund zu Mund geht, so sollte man seinen Freunden und Bekannten sagen, daß man Welpen zu verkaufen hat. In Inseraten ist absolute Ehrlichkeit eine Verpflichtung. Natürlich sollte man dabei Interesse erwecken, aber keine falschen Vorstellungen. Inserate, in denen „künftige Sieger" angeboten werden, haben einen schlechten Beigeschmack, denn niemand verfügt über das Wissen, in diesem Alter die tatsächliche Zukunft eines Welpen vorauszusagen.

Auswahl der Käufer

Es ist Aufgabe des verantwortungsbewußten Züchters, sich Kaufinteressenten sehr sorgfältig anzusehen. Man sollte sie fragen, warum sie wirklich einen Dobermann kaufen möchten, denn es kann durchaus sein, daß ein Dobermann für sie nicht die richtige Hunderasse ist, sie diese Rasse überhaupt nicht kennen. Man muß sich vergewissern, daß insbesondere im ersten Jahr immer jemand zu Hause ist, der sich um den Junghund kümmern kann.

Nie sollte man einen Welpen in eine Familie verkaufen, in der alle Familienmitglieder den ganzen Tag über unterwegs sind. Dabei fände der Junghund nicht die notwendige Überwachung, Fütterung und den so wichtigen Kontakt zum Menschen. Er würde neurotisch und könnte laufend kläffen oder winseln, dadurch die Beziehungen zu der Nachbarschaft ernsthaft trüben. In solchen Haltungsverhältnissen kommt es auch aus Langeweile zu echten Zerstörungen, zu Verschmutzungen, weil der Junghund nicht die Möglichkeit hat, sich wenn nötig im freien Gelände zu lösen.

Berufstätige Familien können sich unter Umständen einen älteren Hund zulegen, möglicherweise einen in Not geratenen Dobermann aus einer Hilfsorganisation, der sich dieser Art von Zuhause und diesem Lebensstil eher anpassen würde. Aber auch für diesen bestehen Bedenken, berufstätige Familien sind für eine aktive Hunderasse kein vernünftiges Zuhause.

Unten: *Der Besitz eines jungen Dobermanns bringt besonders in der ersten Zeit zusätzliche Verantwortung für den Käufer. Hier muß der Züchter mit Rat und Hilfe zur Seite stehen.*

Wichtig wäre, daß der Käufer auf eigenem Grund und Boden lebt, über einen gut eingezäunten Garten verfügt. Im allgemeinen sollte man Dobermänner nicht an Leute verkaufen, die in großen Mietshäusern leben – es führt in aller Regel zu Schwierigkeiten. Nie sollte man auch einen Rüdenwelpen in eine Familie verkaufen, in der bereits ein Rüde – gleich welcher Rasse – lebt. Keinesfalls darf man zwei Rüdenwelpen gemeinsam an einen Käufer verkaufen, denn früher oder später kommt es zu Auseinandersetzungen, muß einer der Rüden zu einem neuen Besitzer vermittelt werden, landet zuweilen sogar im Tierheim. Dies alles ist mit großen Belastungen verbunden, insbesondere für den Hund. Die genaue Prüfung von Kaufinteressenten ist für die Welpen lebensnotwendig, die Verantwortung für die Zukunft der Welpen liegt alleine in den Händen des Züchters. Er muß dafür sorgen, daß seine Welpen nur in liebevolle Familien gelangen, die sich wirklich um den Hund kümmern.

Bestehen irgendwelche Zweifel über die Eignung einer Familie, sollte man den Verkauf ablehnen. Es kann zwar für den Augenblick zu Verstimmungen führen, aber das Gefühl, richtig gehandelt zu haben, das man die ganze Zeit danach empfindet, läßt eine solche Entscheidung dringend angeraten sein.

Papiere

Man händigt dem Käufer immer alle Papiere, die zum Welpen gehören, aus. Hierzu gehört insbesondere die vom zuständigen Zuchtclub ausgefertigte und vom Züchter unterschriebene Ahnentafel. Wichtig ist die Eintragung der Welpen beim von der FCI anerkannten nationalen Zuchtverein. Die Ahnentafel gehört zum Kauf, muß im Kaufpreis eingeschlossen sein. Dem Welpenkäufer sollte man unbedingt einen Futterplan mitgeben, der alle Einzelheiten enthält, wie der Welpe bisher gefüttert wird, dadurch kann der neue Besitzer auf die gleiche Art weiterfüttern. Eine Umstellung der Fütterung auf die eigenen Wünsche des Käufers sollte immer nur nach und nach erfolgen. Auf dem Futterplan sollten auch alle Einzelheiten über Entwurmung und bereits durchgeführte Schutzimpfungen stehen, alle Hinweise, die für den Käufer von Interesse sind. Man halte sich vor Augen, daß manche Käufer noch nie einen eigenen Hund besaßen. Empfehlenswert ist es immer, jedem Käufer ein entsprechendes Fachbuch mitzugeben, aus dem er alles über Haltung, Aufzucht und Erziehung erfährt. (Beispiel: Andrew Edney/Roger Mugford – „1 x 1 der Hundehaltung"; Jimmy Richardson – „Der Dobermann".)

Der Käufer hat auch Anspruch auf eine Quittung über den Kaufpreis. Es empfiehlt sich eine ausführliche Beratung des Käufers in Richtung auf notwendige Haftpflichtversicherung für den Hund, Mitgliedschaft in Spezialvereinen, Ausbildungsmöglichkeiten mit Übungsplätzen und ähnlichem. Viele Züchter werben ihre Welpenkäufer für den Rassezuchtverein.

Ganz besonders muß man dem Käufer das Bewußtsein vermitteln, daß der Züchter immer bereit und auch in der Lage ist, wenn notwendig mit Rat und Tat zu helfen. Anfängerzüchter müssen diese Leistung dem Welpenkäufer bieten, selbst wenn sie sich dann bei der tatsächlichen Beratung zusätzliche Informationen zu beschaffen haben, Hilfe in Rat und Tat ist Teil der züchterischen Verantwortung.

Probleme

Käufer, die einen Welpen gekauft und mitgenommen haben, danach aber ihren Entschluß bereuen, können beträchtliche Probleme auslösen. Für den Züchter bringt es einiges Risiko mit sich, den Welpen zu den Wurfgeschwistern zurückzunehmen; der zurückgekommene Welpe könnte in der Fremde einer Infektion ausgesetzt gewesen sein, die sich noch nicht zeigt, die er aber dennoch auf die anderen Welpen überträgt. Es könnte sinnvoll sein, den Käufer zu bitten, den Welpen zunächst schutzimpfen zu lassen, ihn erst zurückzunehmen, wenn diese Schutzimpfung voll wirkt. Dies ist aber in der Praxis im allgemeinen nicht durchführbar, könnte zu Schäden des Jungtieres führen, wenn er in dieser Zeit nicht die entsprechende Pflege und persönlichen Kontakt hat. Im Zweifelsfall sollte man den Tierarzt zu der Entscheidung hinzuziehen. Was eine Erstattung des Kaufpreises angeht, müssen sich die Parteien je nach Umständen des Einzelfalls einigen. Ich meine, daß der Käufer, der seinen Kauf rückgängig machen möchte, in der Regel nicht erwarten kann, alles Geld zurückzubekommen, ganz bestimmt nicht, ehe der Welpe wieder verkauft ist. Wie lange dies dauert, wird in der Regel ausschlaggebend dafür sein, welcher Anteil des Kaufpreises dann an den zurückgetretenen Käufer ausbezahlt wird.

Natürlich ist es eine andere Sachlage, wenn ein Junghund wegen tatsächlicher Fehler zurückgegeben wird, hier hat der Verkäufer sicherlich eine größere Verantwortlichkeit der Erstattung, entweder durch finanziellen Ausgleich oder durch Übergabe eines anderen Welpen. Insgesamt handelt es sich hier um ein schwieriges, juristisches Problem. Zuweilen erscheint es angemessen, Beratung durch einen Rechtskundigen zu erbitten. Es werden auch spezielle Fachbücher für mit Hunden verbundene Rechtsfragen angeboten, zum Beispiel das im KYNOS VERLAG herausgekommene Buch von Friedrich und Jutta Wienzeck.

Spezialzuchtclubs
Deutschland
Dobermann-Verein e.V.
Geschäftsstelle Ilse Jost, Dellwinger Straße 17, 4300 Essen 11, Tel.: 0201/698801
Österreich
Österreichischer Dobermann-Klub
Geschäftsstelle: Gertrude Freyer, Auhofstraße 179/2/1/6, 1130 Wien, Tel.: 0222/828872
Schweiz
Dobermann-Verein der Schweiz (DVS)
Präsident: Willy Meier, Wildenbergstraße 37a, 8606 Greifensee, Tel.: 01/9407963
England
Mrs. C. Wright, Woodview, 41 Gill Bank Road, Ilkey, W. Yorks LS 29 OAU
USA
Dobermann Pinscher Club of America
Corresp. Sec, Ms Socorro C. Armstrong, 22371 Sequoia Circle, Lake Elsinoie, CA. 92330

Bibliographie
Aus dem umfangreichen Spezialprogramm des KYNOS VERLAGES empfehlen wir den Lesern dieses Buches besonders:
Dr. G. Schüler/H. J. Swarovsky
„DER DOBERMANN“ (umfassendes Standardwerk über die Rasse, erscheint im Herbst 1990)
Konrad Most – **„DIE ABRICHTUNG DES HUNDES“** (umfassendes Erziehungsbuch für aktive Hundesportler)
Edney/Mugford – **„1x1 DER HUNDEHALTUNG“**
Jill Airy – **„HUNDE ABC“** (Erziehungsplan vom Welpen zum Jährling)
Myrna M. Milani – **„DIE UNSICHTBARE LEINE“** (Brücke zum vollen Verständnis des Hundes)
Eberhard Trumler – **„DAS JAHR DES HUNDES“**
Eberhard Trumler – **„DER SCHWIERIGE HUND“**
Eberhard Trumler – **„MENSCH UND HUND“**
Dr. Dieter Fleig – **„DIE TECHNIK DER HUNDEZUCHT“,** (umfassendes Standardwerk für den Hundezüchter)
Angela Wegmann/Wilfried Heines – **„SUCH UND HILF“** (umfangreiches Standardwerk für die Arbeit mit Rettungshunden)
Sally Anne Thompson – **„HUNDEFOTOGRAFIE Der Weg zum Spitzenfoto“**

Der **Dobermann-Verein e.V.,** Rechtssitz München, ist eine Vereinigung der Dobermann-Liebhaber in der Bundesrepublik. Er führt für diese Rasse das vom Verband für das Deutsche Hundwesen (VDH) und der Fédération Cynologique Internationale (FCI) allein anerkannte Zuchtbuch. Er berät die Züchter und Halter von Dobermännern in allen kynologischen Fragen und hundesportlichen Angelegenheiten. In das vom DV geführte Zuchtbuch wurden bereits über 100000 Dobermänner eingetragen. Alle im Zuchtbuch eingetragenen Dobermänner sind im linken Ohr tätowiert. Diese Identitäts-Nummer findet sich in der Ahnentafel wieder.
Als Gründerverein der Rasse ermöglichte der DV 1978 die Gründung des Internationalen Dobermann Clubs (IDC). Zur Zeit gehören etwa 30 Vereine (Länder) aus der ganzen Welt dem IDC an.
Der Dobermann-Verein mit seinen Gliederungen führt verteilt im gesamten Bundesgebiet Zuchtschauen und Prüfungen durch. Ort und Zeitpunkt dieser Veranstaltungen sind aus der monatlich erscheinenden Vereinszeitschrift „Unser Dobermann“ zu ersehen.
Der Dobermann-Verein berät alle Züchter und Interessenten. Es wird den Züchtern dringend empfohlen, sich bei diesem Club die nationalen Zuchtbestimmungen anzufordern, da diese naturgemäß in diesem ursprünglich englisch geschriebenen Buch nicht voll enthalten sind. Auch in allen anderen Fragen werden Züchter und Liebhaber aktiv beraten.

Anschriften:
Dobermann-Verein e.V., Rechtssitz München, Hauptgeschäftsstelle, Otto-Hahn-Straße 16, 8600 Dachau
Zuchtbuchstelle, Ilse Jost, Dellwiger Straße 17, 4300 Essen 11
Hauptzuchtwart, Walter Hensel, Sudetenstraße 16, 6368 Bad Vilbel 4

PRINTED IN BELGIUM BY proost INTERNATIONAL BOOK PRODUCTION